城山陥落

西郷死して光芒を増す

伊牟田比呂多
Imuta Hirota

海鳥社

まえがき

「西郷死して光芒《こうぼう》を増す」ことになったのは、西郷の高潔無私な人柄と明治の政治家でただ一人、「西郷さん」と「さん」づけで呼ばれている親愛感を持たれる人柄にもあった。

横井小楠《しょうなん》が、西郷を「どこか西行《さいぎょう》（法師）のようなところがある」と評したように、脱俗世間的雰囲気が、人々に親しみ、やすらぎ、ぬくもりを感じさせたのであろう。

この自然随順の風格と統制嫌いが、明治四（一八七一）年から六年の西郷留守内閣の下では、言論自由の花の時代となり、この二年間を経験した言論人たちが、その後の大久保政権の言論弾圧時代と対比することで西郷びいきとなった面もあったのであろう。

明治十年二月中旬、西郷が率兵《そつぺい》上京で熊本県に入った時、池辺吉十郎、佐々友房《さつさともふさ》を幹部とする熊本隊も合流することになり、代表二人が西郷を春竹《はるたけ》村（現熊本市）の本営へ訪ねた際、西郷は両手を地につけ、しばらく頭を下げて「西郷吉之助でごわす。今回のことで貴県をわずらわします。何と言ってよいか、言葉もありもはん」と詫びたという。

中津隊隊長増田宋太郎《ますだそうたろう》は、薩軍の熊本敗退後、すでに旗色が悪くなってから西郷軍に参加し、

増田宋太郎を隊長とする八十余名の中津隊百年祭記念碑（中津市）

可愛岳《えのだけ》突破後からずっと行をともにして城山入りをした。九月二日、生き残りの中津隊の同志六十名を集め、「薩軍の形勢、今やここに到り、いかにも回復の見通しは困難である。ただし諸君は前途なお春秋に富むから、いま城山を脱して引き揚げて故郷に帰り、我らの精神を天下に伝え再起してほしい」と告げた。

　これに対し隊員たちが「しからば、隊長はなぜわれわれと行をともにして帰らず、ここに留まろうとするのか」と質問すると、増田は「自分は、実は城山に来て初めて、大西郷に親しく接触することができたのだが、一日接すれば一日、三日接すれば三日、いよいよその敬愛の念を深くして、もはや先生のおそばを去ってお別れすることはできぬ。最後までともに在って生死を同じくすることを深く心に誓っている」と泣いて訴え、隊員たちを説得して帰郷させたという。

なお、増田宋太郎は福沢諭吉の従弟で、洋行帰りの福沢の思想啓蒙の影響を受けて国政革新運動に携わり、識見高く群を抜いた秀才だったという。

明治六年政変と西南戦争で反西郷の立場に立った伊藤博文《ひろふみ》でさえ、「西郷は一点の私心もない光風霽月《せいげつ》（心がさっぱりして清らかの意）の人であった」と述べている。

その西郷が、明治維新の最大の功労者でありながら賊将として城山の露と消えたことに対する庶民の同情と口惜しさからの判官《ほうがん》びいきが、西郷を悲運の国民的英雄にし、英雄不死伝説の西郷生存説まで生んだ。

そして西南戦争中に、西郷軍に対する親征《しんせい》や出兵激励式出席を拒否した明治天皇の西郷びいきも大きかったようである。

それと大久保急死後は、薩長藩閥政府が政権を握るが、政権を支える三大派閥のうち新薩摩閥と山県有朋《やまがたありとも》閥は親西郷、伊藤博文閥は反（非）西郷という派閥構成の影響も大きかったようで、これについては後で詳しく述べてみたい。

大久保利通《おおくぼとしみち》参議・内務卿を頂点に、伊藤博文参議・工部卿と大隈重信《おおくましげのぶ》参議・大蔵卿を両翼とし、川路利良《かわじとしよし》大警視配下の強大な警視局と警視巡査隊で支えられた大久保有司専制《ゆうしせんせい》政権は、明治十一年五月十四日の紀尾井坂《きおいざか》の変で幕を閉じた。

政権を引き継いだのは、大久保直系の伊藤博文参議・内務卿と、反大久保の井上馨《かおる》参議・工部卿、そして反川路の山県有朋参議・陸軍卿（参謀本部長）の「長州三尊」であった。

その後、明治十一年十一月に浮上した長州派政商藤田組と長州派高官の井上馨参議、山県有朋参議、鳥尾小弥太《とりおこやた》参謀局長、三浦悟楼《みうらごろう》広島鎮台司令官らを捜査対象とした藤田組疑獄は、薩摩閥が長州閥をやっつけようとした勢力争いが根底にある、と多くの本に書かれている。

だが、新薩摩閥の黒田清隆、西郷従道《つぐみち》、大山巌《いわお》、川村純義《すみよし》、樺山資紀《かばやますけのり》、松方正義《まつかたまさよし》らは、三条太政大臣と岩倉右大臣が憂慮したこの疑獄が薩長対立の導火線とならないように解決を、との方針に全面協力している。

藤田組疑獄は、大久保の腹心で、かつ反長州を主義としたといわれる川路大警視（『世外井上公伝』）と、大久保の両翼の一翼といわれた大隈大蔵卿による長州閥打倒闘争であった。

大隈は、大蔵省の機密費から二万円、現在の通貨価値では数千万円といわれる金額を捜査費用として提供して捜査に協力した。

川路大警視の「脳を割りて」の摘発指示で、警視局から百余人の警察官が大阪へ秘密裡に出張し、堺県南宗寺に捜査本部を設けた。大阪府内に設けなかったのは、大阪府知事渡辺昇《のぼる》が、幕末に神道無念《むねん》流斎藤弥九郎の道場練兵館《れんぺいかん》で塾頭桂小五郎（木《き》戸《ど》孝允《たかよし》）のあとをついで塾頭になるなどの縁で、大村藩士だったが長州派になっていたので、渡辺知事と配下の大阪府警察部を警戒したためといわれる。

まず、贋札《がんさつ》疑惑捜査は、パリ滞在中の元老院議官井上馨がドイツで印刷した日本紙幣を藤田組に送って使用させたこと、さらに井上がパリから送った紙幣印刷機械が藤田伝三郎邸に設置され、夜には物を刷る音がするという疑惑であった。

だが家宅捜査の結果、贋札は一枚も出てこず、物を刷る音のする機械は謄写器であった。他方、接待簿など長州派高官を追及する書類など多数が押収された。

贋札捜査難航で、川路大警視派の疑獄捜査へ長州派の反撃が始まり、閣議も開かれ、西郷従道参議と大木喬任司法卿の「藤田組の事たるや、贋造紙幣一件は警視局に於てこれを糾問処分すべし。他の犯罪は大阪検事局に交付すべし。警視局の糾問を許さず」との意見を受けて、閣議の方針は決定した。

そして藤田組疑獄は、新薩摩閥が川路大警視派を支援しなかったこともあり、泰山鳴動ねずみ一匹で終わり、ナンバー2の安藤則命《のりみち》中警視と捜査指揮官の佐藤権《ごん》大警部は、管轄外の無実の者を大阪当局の了解なく逮捕取り調べたのは越権不当だ、と免官になった。

本書では明治の二大疑獄といわれる藤田組事件がなぜ発生し、川路大警視派はなぜ孤立したのか、そして薩長連携政権への流れとなったことなどについて述べてみた。

長州二尊も標的とした藤田組疑獄は、大久保と川路が創設した内務・警察体制を刷新改革して、「内務省の近代的装備の創始者といわれる山県内相」（『内務省史』）の権力体制を生むことになった。陸軍軍政に専念していた山県有朋という組織・制度・人事に抜群の能力を持った人物が、警察権力掌握に乗り出してきて、川路大警視派は「寝た子を起こす」というか、「やぶを突ついて大蛇を出す」結果になってしまった。

山県は、明治十三年から、内務省の人事・政策を動かす内務次官へ品川弥二郎、芳川顕正《あきまさ》、白根専一、野村靖《やすし》らを送り込み、警保局長も清浦圭吾《きようらけいご》、小松英太郎と山県派官僚で固めた。そして山県も明治十六年から二十三年まで八年近く内務大臣を務め（大久保は七年から十一年まで四年余)、川路大警視がフランスを参考にした警察制度をプロシヤ式警察に変え、内務省と各府県に警察官練習所を設け、プロシヤから警察大尉へーンらを招き巡査から警部まで再教育を行うなど警察大改革を行い、人事でも川路派に報復冷遇人事を行っている。

ここで留意すべきは、過去の史実を現代の常識で判断してはならない、という原則があることである。

現行警察法は、警察の責務で「不偏不党且つ公正中立」を旨とし、服務の宣誓でも「不偏不党且つ公正に職務を遂行」と強調している。

ところが明治時代は、全国の警察行政を担当する警保局長や、首都の治安維持に任ずる警視総監の人事は、時々の内閣と命運をともにする政務官的性格を持っていた、と『内務省史』は述べている。

現代の警察と戦前の警察とでは、「政権維持」重視か、「国民の安全保護」重視かなど、制度運用でも人事でも異なるものだということを前提に、考察し理解する必要があるようである。

明治十年一月、川路大警視の命を受け、「私学校瓦解工作」、そして説の分かれるところだが「西郷刺殺」を目的に派遣され、西南戦争勃発の導火線となったことで有名な「警視庁帰郷組」または「東京獅子《あずまじじ》」と呼ばれた二十一人の警部・巡査たちがいた。

この人々はそれぞれ栄進したが、中でも八人は知事、警視総監などとめざましい栄達をとげた。八人も大栄達したことで、いろいろな本が、政府がこの人々を栄達させなければならない特殊の事情があったのであろうと推測している。

この人々について、「歴代顕官録」や「明治史料顕要職務補任録」などで調べてみると、伊藤博文内閣の下で栄進が多い。

伊藤博文は、大久保利通の有司専制政権下で、大隈重信と並んで両翼とか腰巾着《こしぎんちゃく》といわれ、長州派からは、本籍は長州木戸派だが現住所を大久保薩摩派に移したとか、大久保薩摩派に"帰化"したと見做された大久保系である。

東京獅子栄達の理由は、伊藤の胸中と、山県有朋官僚閥との権力抗争への人材確保の必要性などに求められるようで、これについて考察してみた。

明治七年一月、内務省と警視庁が発足して明治十六年まで、警察トップの大警視は、初代川路利良、第二代大山巌、第三代樺山資紀《かばやますけのり》と薩摩人が占めた。

だが同じ薩摩派といっても、川路は強烈な反長州・反西郷で、大山と樺山は熱心な薩長連携派・親西郷であった。

明治七年一月から十二年十月まで五年余在任した川路利良は、初代大警視として明治警視庁創設の業績など色々と有名である。

ところが、明治十三年十月から十六年十二月まで三年余の、樺山資紀の在任中の業績については、「川路大警視が考えていたこと」だとか、「佐和正一等警視の建言で」とか書かれ、軽視されている。

ところが樺山は、帯剣は一等巡査（警部補）までで、二等・三等・四等巡査（巡査部長・巡査）は樫《かし》の棒だったのを、新たに帯剣を許し、退職後の保障制度のなかった巡査に恩給制度に当たる「巡査看守給助令」を制定施行するなどして、巡査の人気は大変高かったという。また、警視局を警保局と警視庁に改編するなど組織改革も行っている。

この樺山の業績が何故正当に評価され知らされていないかの不可思議さも含め、明治警察の初期を担った大警視三代の実像に光を当ててみた。

維新の三傑といわれる長州の木戸孝允については、反大久保から発展して反西郷と誤り伝えられ、悪役にされている面もある。木戸と大久保の関係は、政敵というようなものでなく、宿敵というか天敵に近いものだったようである。

だが西郷については、慶応二年正月薩長同盟締結の時の親交を大切にし、西南戦争勃発の際は、病身をおして西郷と会談して公正に解決するため戦陣出張を願い出ている。この木戸の嘆願は認められなかったので、これを終身の遺憾に思ったといわれている。

木戸と大久保の暗闘、そして木戸の西郷への友情、これを取り巻く状勢について史料を調査して書いてみた。

勝者の書いたそして勝者の側に立って書かれた歴史は表面的・皮相的でその底に隠された真

相や謎があるという歴史作家の指摘や、通説ほど人を惑わすものはない、歴史を研究する場合一からやり直す気持で取り組む必要があるという海音寺潮五郎の言葉に共感しつつ、史料調査をして本書を書き上げてみた。

権力抗争そして論功行賞、賞罰、左遷と報復人事など葛藤が盛り込まれた権力変遷史の方が、高官表彰伝などよりはるかに史実を語る冷厳な生きた歴史の軌跡であるとの思いを深くした。

明治二十四年五月十一日、訪日中のロシア皇太子に警護中の巡査津田三蔵が斬り付けたという大津事件は、報復にロシア艦隊が品川湾頭《わんとう》に殺到し、我が帝国は微塵とならんと発足五日目の松方正義内閣を震撼《しんかん》させた。

津田巡査は、「恐露病」の影響を受け、ロシア皇太子が日本侵略の調査のために訪日したと妄想して凶行に及んだというのが通説である。

他方、津田三蔵は西南戦争に従軍し、武勲で軍曹となり勲章も受けたが、英雄不死伝説で西郷がロシア皇太子と一緒に生還してくるという新聞記事を信じ、西郷が帰ってくれば勲章が剥奪されると思い込んで凶行に及んだという説もある。

予審で、津田は「ロシア皇太子は西郷を同伴する由なるが、我々の勲章もたちまち剝奪されるなどといい、終始沈鬱であった」という。

西郷生還説と大津事件、そして司法権独立をめぐる闘いについても述べてみた。

城山陥落　西郷死して光芒を増す◉目次

第二章　歴史と権力の深層

第一章
城山陥落と西郷軍への哀惜の風潮

一　城山陥落

明治十（一八七七）年二月十五日、数十年振りという大雪の中を、「今般政府へ尋問の筋これあり」と率兵《そっぺい》上京を声明した西郷隆盛、桐野利秋、篠原国幹《くにもと》に率いられた薩軍一万三千人の七個大隊は、東京に向かって進軍を始めた。

途中、宮崎・熊本・大分などの各県から九千人が党薩《とうさつ》諸隊として参加した。

一方政府は、参議大久保利通、伊藤博文が征討総督本営で総指揮を執り、二月十九日征討の詔《しょう》を下して、有栖川宮熾仁《ありすがわのみやたるひと》親王を総督に、陸軍卿山県有朋、海軍大輔《たいふ》川村純義を参軍（総司令官）として全国各鎮台に出動命令を発し、二十五日には西郷の陸軍大将、桐野・篠原などの陸軍少将以下の官職を奪い、天下に「反乱」の名をもって告げ知らせた。

この、あまりにも早い「征討令」に対し、西郷は、征討総督宛て次のような反論を、大山綱良県令へ届けるよう依頼した。

「政府は隆盛らの暗殺を官吏に命じたが発覚に及び、人民が激怒するのは当然である。しか

城山を背後に薩摩藩鶴丸城跡

も激怒した状態をとがめて征討の名義にするなどは、征討するため暗殺を企て、人民を激怒させて罪に陥れる姦謀《かんぼう》にほかならず、益々政府は罪を重ねるわけではないでしょうか。恐れながら天子征討を私《わたくし》するものに陥り、千載《せんざい》の遺恨、この事と存じます。政府が鹿児島人民を殺し尽くしても天地の罪人たるは免れません。まず政府首謀の罪の根本をただし、そのうえで我々人民に乱暴な振舞いがあるようなら、どのようにも厳しく罰せられるべきでありましょう」

福沢諭吉は「国家元勲である西郷らの言い分も聞かずに征討したことは問題であり、戦いをやめて公明な裁判を行うべきだ」と主張した。

さらに、前左大臣島津久光と旧薩摩藩主島津忠義も連名で、「休戦」と、「薩軍幹部と大久保・川路との公正な裁判」について、

西郷隆盛等此度政府へ訊問トシテ既ニ臣道ヲ失シタル其罪自ラ大ナリ、且内務卿大久保利通・大警視川路利良ヨリ内命ヲ受数人帰省等ニ事ヲヨセ離間等ノ策ヲ行フ云々事発覚之儀妄《モウ》説《セツ》ノ布達拝観ス、此義臣等ノ大ニ疑惑スル所ナリ、其故如何トナレハ道程数百里ヲ隔テ則之

ヲ妄説ト見認メラレル西郷等ニ於テ必ス其罪ニ伏スヘカラス、是至公至平《シコウシヘイ》ノ処分ニアラサルカ故ナリ、鹿児島人民ニ於テハ尤確証ヲ挙ゲ之ヲ見聞シタルモノニテ、或ハ間ヲ使ヒ同意ノ体ヲナシタルアリ或ハ自訴シタルアリ故ニ傍人モ挙テ之ヲ証トシテ疑ハサル所

弾薬強奪ハ捕縛人ノ前ナルハ臣等モ保証スル所ナリ、然レトモ西郷ハ大隅国へ旅行中之ヲ聞テ大ニ憤怒シ粗暴之挙動ヲ譴責《ケンセキ》シタルハ県下人民ノ能ク知ル所也、其際ニ当リ捕縛人之事露顕シ、之ヨリ意ヲ決シテ衆ト訊問ノ事（略）

仰願《アオギネガワ》クハ至急休戦ノ命ヲ総督府へ下サレ、此度ノ巨魁人員ヲ定メ平穏之処分ヲ以テ中途ヲ護送シ、大久保・川路モ随テ之ヲ召シ、更ニ至理至当イササカ偏頗《ヘンバ》之処分ナク各法官へ渡シ奏任以上其席ニ列座シ非常之裁判ヲ開キ其結局ニ至テ律ヲ照ラシテ之ヲ罰セン、其上モシ異議ヲ生セハ断然ト罪ヲ鳴ラシ之ヲ征討セラレテ可ナリ、乞フ速ニ実事施行アラン事ヲ

という要旨の建議を太政大臣へ行った。

しかし、この建議に対し、政府は天皇に上奏はできないと言って却下し、休戦と、奏任官以上列席による裁判の機会は失われた。

福沢諭吉も慶応義塾学生や中津士族らと次のような建白書を三条太政大臣に提出したが、取り上げられなかった。

西南の乱起りしより半歳、官賊両軍の死傷幾万を以て数ふべく、軍費も亦数千万円の多きを致し、空しく之を泥土《でいど》に委す。（中略）彼等が政府に尋問せんとする所は、即ち其理由ならざるなからんや。（中略）而も政府は直に逆賊として之を討ち、其言はんと欲する所を壅塞《ようそく》して言はしめず、昨は維新の元勲、無二の臣、今忽ち叛臣乱賊を以て論ぜらる。（中略）彼等両軍は斉《ひとし》く日本国民たり、之を外国人と同視すべからず。況や皆精鋭勇敢の士、互に殺傷するは皇威を海外に輝す所以の道に非ず。徒らに国家の元気を消耗せしむるに過ぎざるのみ。之を是れ鑑《かんが》みれば、政府の執る所他に其途なくんばあらず。聞く隆盛等の暴発は、政府が刺客を送りて、隆盛等を暗殺せんとしたるを以て、其是非曲直《ぜひきょくちょく》を糺《ただ》すにありと、而して政府はさきに其事の無根なるを声明すと雖《いえど》、天下の衆庶は猶囂々《ごうごう》として之が真偽を疑ひ、人心未だ一定せず、他日の被害測り知るべからざるものあらんとす。乃《すなわ》ち今日の急務は兵乱の真因を糺明して、天下の疑惑を解き、速に人心を一定せしむるに在り。而して之が真因を糺明せんが為には、暫く諸方面の進軍を停め、休戦の命をなし、臨時裁判所を開きて、彼曲直を明にし、然る後聖断を仰ぎて、公平至当の処置に出づるを要す。而して之が裁判官は特命を以て遷任《せんにん》し、皇族華族及び各府県士族の名望ある者を召して、其弁論を許し、法廷には一般人民をして傍聴するを得せしめ、審判の進行は之を新聞紙に掲載せしめ、至公至平、万衆をして一点の疑念なからしめば、天下相率いて朝廷日月の私なきに感偏《かんぱい》し、隆盛亦必ず其過を悔い、甘んじて其罪に服せんのみ。然らば、即ち戦争の惨害は之を正理の裁判に移し得て、

宮崎県北川町（旧長井村）俵野から可愛岳を望む

今後一滴の流血を見ずして、事容易《たやす》く平定するに至らん。（下略）

薩軍は、熊本城、田原坂の戦いと激しい攻防戦を行い、人吉、宮崎、延岡と転戦し、その間薩軍への参加者四万人余に及んだ。

八月、西郷は延岡北方の長井村で三千の薩軍に解散を布告し、党薩諸隊の多くはここで解散し、挨拶に来る隊長たちに西郷は深く礼を述べ、みな涙を抑えて去ったといわれる。

西郷は、鹿児島に戻って死のうと望む六百の将兵と中津隊などを率い、八月十七日、峻険な可愛岳《えのだけ》を登り、深山幽谷の百里の道を越えて九月一日鹿児島に入り、城山に立て籠った。

政府軍に包囲された敵中を突破して、鹿児島へ帰った薩軍については、

孤軍奮闘囲みを破って還る
一百《いっぴゃく》の里程、塁壁《るいへき》の間
我が剣は既に折れ、我が馬は斃《たお》る
秋風《しゅうふう》骨を埋《うず》む故郷の山
（西郷に私淑していた天草出身の医師・西琴石作）

と歌われている。

そして、可愛岳突破から鹿児島入りについては、関ケ原の敵中突破にたとえられているが、九州脊梁山脈を踏破する六百の将兵の脳裏にも、郷中教育で教えられた関ケ原での、次のような祖先の活躍が去来したことであろう。

一、明くれど閉ざす　雲暗く　薄《すすき》かるかや　そよがせて
嵐はさっと　吹き渡り　万馬《ばんば》いななく　声高し
二、銃雷《つついかずち》と　とどろけば　太刀稲妻と　きらめきつ
天下分目の　たたかひ（い）は　今や開《ひら》けぬ　関ケ原
七、前に後に支へ（え）かね　大勢すでに　崩るれど
精鋭一千　われひとり　猛虎負嵎《ふぐう》の　威を振ふ
二一、興亡すべて　夢なれど　敵に背《せびら》を　見せざりし
壮烈無比の　薩摩武士　誉《ほまれ》は永久《とわ》に　匂ふ（う）なり
二二、無心の蔓草《つるくさ》　今もなほ（お）　勇士の血潮に　茂るらん
仰げば月色《げつしょく》　縹渺《ひょうびょう》と　うたた往時の　なつかしや

（妙円寺詣りの歌・抜粋）

城山に立て籠った薩軍に対し、官軍は全旅団を鹿児島に急行させ、九月六日に城山への包囲態勢をととのえた。そして、薩軍三百数十名の跳躍力を警戒して兵力四万余を集結させ、九月二十三日に翌日の総攻撃を通告した。

中秋の名月から二日遅れのその夜、海軍軍楽隊は、官軍陣地の最高所明神山（武岡）の頂上から、城山へ向けて惜別の西洋音楽を演奏した。薩軍からは、これに合わせてフルートが鳴らされ、薩摩琵琶も奏されたといわれる。多賀山の官軍本営では、山県総司令官を始め諸将兵士これを聴いて軍服の袖を絞ったといわれる。

大山巌《いわお》、野津道貫《みちつら》、高島鞆之助《とものすけ》ら薩系の司令官、参謀長たちは、西郷の好きな花火を盛大に打ち上げ、せめてもの「はなむけ」とした。

翌九月二十四日午前三時五十五分、号砲を合図に官軍総攻撃が開始され、七時頃に陣地がすべて破られると、西郷は幹部たちと敵陣に向かって歩みだした。小倉壮九郎（東郷平八郎の兄）が自刃し、桂久武が弾雨に倒れるなか、岩崎谷口の島津応吉邸に達した時、銃弾が西郷の腹部と太股に命中した。西郷は別府晋介に「晋どん、もうここでよかろう」と声をかけ、別府は東天を遙拝した西郷を涙をのんで介錯した。村田新八は追い腹を切り、桐野利秋をはじめ幹部四十余名も壮絶な最期を遂げた。

戦闘は午前九時まで五時間にわたり、百五十七名が城山の露と消え、二百余名が降伏して、西南戦争は終わった。

官軍の川村純義参軍、大山巌、高島鞆之助少将以下、多数の鹿児島出身の将校たちは、せめて生前の隆盛たちの恩顧に報いたいと、大山少将が総代となって遺体下げ渡しを申請した。また鹿児島県庁からも、岩村通俊知事の名で、遺体引き取りの願書が出て、結局、県庁に引き渡すことに決定し、厳粛な葬儀が行われた。

二　西郷たちへの哀惜

1　明治天皇、西郷軍征討への反抗

明治十年九月二十四日、西郷たちが城山で討死にしたとの報告が、陸軍の演習で滞在中の習志野に深夜届いた。宿直の藤波言忠《ふじなみことただ》侍従が真夜中ではあったが奏上《そうじょう》したところ、「とうとう西郷を殺したか、朕は西郷を殺せとは言わなかったが」と申され、大変機嫌が悪くなったという。そして隆盛の死後、明治天皇は肖像を寝室にかけていて、その後、「賊軍首魁の肖像を」との非難めいたうわさを聞き、その肖像画に皇后手縫いの黒布をかぶせ、故人を偲んだという。

明治天皇と西郷隆盛との君臣関係は、特別に親密な共感的関係にあったといわれている。

天皇が西郷と親しく接したのは明治四年から六年までの約二年半、十九歳から二十一歳の多

感な青年期であった。天皇は西郷の人物に傾倒して大きな影響を受け、治世四十五年の間に多くの臣下と接したが、最も信頼し親愛したのは西郷といわれ、まさに「君臣水魚の交り」であった。

飛鳥井《あすかい》雅道《まさみち》京大名誉教授はその著書『明治大帝』で、明治天皇紀（宮内省編修）を引用して次のような内容を述べている。

熊本城が薩軍に包囲され、まだ政府軍が分断されているさなか、政府部内では、薩軍のあまりの強さに対抗するため、一歩進めた「天皇親征」が考慮され、また徴兵制軍隊では士族軍に対抗できないとのおそれから、「壮兵徴募《そうへいちょうぼ》」が計画されはじめ、「親征」「壮兵」が木戸・大久保・伊藤博文らのあいだで激論となった。

この時期、天皇は政務を拒否し、乗馬も拒否した。馬は青年天皇にとって、軍事を意味していたのだから、乗馬拒否は、西郷隆盛にたいしての「親征」はいやだとの表現にほかならないとわたしは考える。

天皇が日露戦争開戦にあたって詠んだとされ、今上天皇が日米開戦にあたり読みあげたという、有名な「御製」がある。

よもの海みなはらからと思ふ世に
　なと浪風の立ちさはくらん

この歌は、実は明治十年の作だとの伝えがあった。最近では飯沢匡『異史 明治天皇伝』がこの説だが、わたしも同意見である。わたしは飯沢匡以上に、明治九年以後の天皇は、かなり明確な西郷びいきだったと考えたい。だからこそ、天皇は西南戦争が迫った時、日程変更をいい、表にでてこなくなり、乗馬を拒否し、勉学をも拒否したのだった。

明治十年秋の或る日、天皇は皇后や女官等に「西郷隆盛」という題を賜うて和歌を詠じさせた。西郷の罪過を誹《そし》らないで詠ぜよ、唯今回の暴挙のみを論ずるときは、維新の大功を蔽《おお》ふことになるから注意せよ、と仰せられた。西郷の死は九月二十四日である。天皇が、その年「秋」に賊の追悼歌会をおこなうのは、政治的に異常というべきであろう。

その他、明治天皇は、大阪行幸の際に、薩軍征討総督本営が企画した大阪鎮台から出征する兵を操練し、鼓舞する出兵式に出席されず、大阪鎮台の病院に負傷兵を見舞い激励して帰京され、西南戦争中には再び大阪へ行幸されることはなかった。

これら明治天皇の動向は、政府高官や征討軍将軍たちに微妙な影響を与えることになったようである。

2　国民の判官《ほうがん》びいき

城山陥落で西南戦争は政府軍の勝利に終わった。ところが、この城山陥落後、西郷たちの死への同情と哀惜《あいせき》の声が湧き上がり、叛賊《はんぞく》どころか、源義経とともに悲運の国民的英雄となっていった。

明治十年九月二十九日の「郵便報知」（従軍記者犬養毅《いぬかいつよし》）は、「西郷を討ち取りしとの報知が各営に達せし時、これを聞く諸将校は雀躍《じゃくやく》して喜ぶならんと思いの外、しばらくは悵然《ちょうぜん》として辞《ことば》なかりし由」と報じた。

西南戦争中に山県総司令官の本営で従軍記者をしていた福地源一郎（吾曹）も、主筆でもある「東京日日新聞」に、十年九月二十六日には賊軍殄滅《てんめつ》と征討軍の偉業を高らかに書いていたが、帰京して東京の空気に触れるや一転して、九月二十九日には「西郷は蓋世《がいせい》の豪傑なり、明治政府は功臣を殺すの嘆きをなさしむ」という次のような文を発表した。

ああ西郷隆盛すでに死す。明治歴史において十年九月二十四日、賊魁伏誅《ぞくかいふくちゅう》と特筆せられ、永く臭名《しゅうめい》を天下後世に遺すを免れざるはまことにその分なりといえども、蓋世の豪傑にしてこの末路あるは豈《あ》に悲しからずや。その西郷が旗を今春に掲げしより以来、吾曹は明らかに輿論の存する所を採って正邪の別を匡《ただ》し、その朝敵たり国賊たるを著示し排斥、攻撃して、更に寸毫を仮さざりしも、既に伏誅の今日に至りては、ただにその悪を鳴らすに忍びざるのみならず、或いはその心事を推究し、ために少しく憫察《びんさつ》する所あるも、またあえて不可なかるべきなり。

西郷がつとに薩藩志士の首唱となりて勤王倒幕の大業に従事せしより、辛苦経営してつと

明治10年８月15日，和田越えの激戦は，政府軍４万人に対して，西郷軍は3500人で決戦を挑んだ

に薩長諸藩の交際をいよいよ弥縫《びほう》し、次いで列藩の士気を鼓舞し、全国の輿論を誘導し、ついに維新の偉勲を翼賛せしを顧みるに、実に功臣第一等中の人たるに恥じず。（中略）これ故に薩州に西郷吉之助なく、長州に木戸準一郎なくば、現に廟堂上の功臣諸公もまた或いはその大志を舒《の》べ、その大功を奏するに由なきにあらずとせんや宜《むべ》なり。世人が西郷、木戸を目して維新の双柱とし、（中略）この大功臣にしてにわかにこの大叛賊となる、（中略）その西郷は明治十年においてこそ国賊なれども、明治九年までは実に功臣の元老なりしにあらずや。（中略）

吾曹が説目する所によれば、第一には、尊攘議の初めて世に起こるに際してひそかに京坂に周旋し、事敗れて鹿児島に帰り、僧月照とともに水に投じたる頃の一武士たる西郷吉之助を見よ。第二には、赦されて藩政にあずかり、薩長の連衡を謀り、大政返上の議に参し、戊辰の役に兵に将として東下し、北越に戦い大いに武功を奏したる西郷将軍を見よ。第三には、廟堂の大臣となりて文武の政務にあずかりたる西郷参議を見よ。第四には、征韓論の議合わずして鹿児島に帰りたる非職の西郷陸軍大将を見よ。第五には、盛んに私学校を鹿児島に起こして壮士の人心を収攬《しゅうらん》したる西郷大先生を見よ。第六には、政府に尋問を名として旗を掲げ、全国の大軍を引き受けて肥・

薩・隅・日に死戦したる西郷隆盛を見よ。その地位を転ずるに従ってその挙動を変じ、常に一生の豪傑たり英雄たるの面目を失わざるをもって自期し、（中略）ああその西郷は蓋世の豪傑なり。惜しいかな、その末路の大過に一蹶《いっけつ》せしがために、生きては首足を戦場に殊にし、死しては臭名を青史に遺し、その心事を淪没《りんぼつ》して推究せらるる事なきのみならず、また永く後人をして明治政府は功臣を殺すの嘆きをなさしむ。豈に悲しからずや。

征討軍総司令官・陸軍卿山県有朋も、新聞紙条例などを批判し禁獄四カ月に処せられた成島柳北が主筆の在野系「朝野新聞」に、明治十年十月二十四日と二十五日の二日間にわたり、西南戦争中に西郷へ贈ったという「涙の書簡」を発表した。

熊本鎮台司令官谷干城《たにたてき》も、次のような哀悼の詩を作り西郷を惜しんだ。

「王師ニ枉抗シ身ヲ顧ハズ。多年ノ功績灰塵ニ委ス。燐君ノ末路初志ト違ナル。秋雨秋風恨更ニ新ナリ」

一方、国民大衆の間には同情と哀惜の声が湧き上がり、新聞・雑誌は西郷・桐野などの逸話・噂話などを報道し、西郷星の錦絵は飛ぶように売れたという。よく売れたのは、夜空に輝く大星の中に西郷が陸軍大将の正装であぐらを組んで座り、その周りから大刀や剣付き鉄砲が後光のように出ている姿を仰いで、地上の善男善女が手を合わせて拝んでいる錦絵だった。

傑作なのは、天上の西郷星が閻魔大王の住む冥府へ行き、大久保政府の高官連を赤鬼・青鬼に見立てて、西郷率いる桐野利秋、篠原国幹、辺見十郎太の諸将が退治するという「隆盛冥府大改革」の錦絵まで発行された。悲運の英雄への哀惜と世直し願望など国民の判官びいきの表れともいわれている。

演劇界では、明治十一年正月に新富座で、西郷を団十郎、村田新八を宗十郎、篠原国幹を菊五郎、桐野利秋を左団次と、名優たちが扮装して出演し、春興行では、大阪道頓堀の戎座《えびすざ》での『西郷隆盛夢物語』をはじめ、全国の大劇場がそろって「西南戦争劇」を上演し、西郷人気をあおった。

また京都では、「西郷茶」という薄い鶯茶《うぐいすちゃ》の着物や帯や頭巾が大流行し、大阪では「西郷丹」という薬まで売り出されたという。

こうして、西郷、死して光芒を増すことになっていった。

三　征討関係者・将兵へ叙勲・年金の大盤振舞い

国民の判官びいきで、西郷が叛賊どころか悲運の国民的英雄となっていくと、薩軍征討の官軍にも動揺が広がった。凱歌《がいか》をあげて帰還する部隊もあれば、なぜか泣きながら行進する部隊を見たとの外国人の見聞記もある。

殊に薩摩人は、第一旅団司令官野津鎮雄、第二旅団参謀長野津道貫、別働第一旅団司令官高

島鞆之助《とものすけ》たちは西郷恩顧の弟子たちであり、第五旅団司令官大山巌は西郷の従弟、海軍総司令官川村純義《すみよし》は従妹の夫で、ともに親しい側近たちだった。

西郷軍征討を推進した大久保内務卿や、川路利良大警視・別働第三旅団司令官らは別として、旧師旧友親類一族と戦い、薩摩人と九州各県人二万人を死傷させねばならなかった司令官・参謀長たちは複雑な思いであったろう。

一例として、城山陥落の際、山県総司令官から西郷の死体の検視を命じられた大山巌は、身を震わせ泣いて拒み、西南戦争後、「口八丁・手八丁の弥助どん」といわれていた人物が、寡黙の人に変貌してしまったといわれる。

長州系司令官たちには、長州派総帥木戸孝允が三浦梧楼《ごろう》第三旅団司令官に語った次の談話の影響があったようである。

「西南戦役最近の原由は、西郷隆盛等数人を利通および大警視川路利良などが、暗殺せんとしたに過ぎない」（『木戸松菊公逸話』のうち「三浦梧楼子爵の談話」）。

このことについて、司馬遼太郎は次のように述べている。

この暗殺事件の実否には多少の陰翳があって全き判定は困難だが、薩人を好まなかった木戸にすれば、薩人どものやりそうなことだ、として、かれの長い対薩人接触の体験から判定したのであろう。木戸が三浦梧楼に語ったところでは、

「この暗殺事件のために戦争がおこり、官賊あわせて死傷者はおよそ二万、人民がうしなった家屋財産は幾千万円という悽惨《せいさん》な結果になった。大久保は戦いがおわればすみやかに引退すべきだし、またかれが朝廷を偏重しすぎることを反省し、衆庶の福祉を増進すべきである」

大意そういう内容であった。木戸にすれば、この戦いは本来、大久保・川路と西郷・桐野らの私闘にすぎない。それに対して政府と国民を巻きこんだのは、大久保の責任である。さらに大久保が自派（太政官派）を有利にするために朝廷をむやみにかついで西郷派をおどす手段とした。木戸のいう「朝廷を偏重」という意味は、そういうことであろう。

この木戸の側からみた事態では、大久保と川路は太政官権力の核心に巣食った二人組の悪党のようでもある。たしかに二人は同郷人から追いつめられ、自分たちが勝つためには何を仕出かすかわからないといった観がないでもなかった。

しかし当の大久保・川路にすれば、薩閥太政官派という私党を守るためにやっているつもりはなく、太政官そのものを守るつもりであったであろう。

この時期、大久保が川路に付与したのは、太政官の財政能力を超えて警察官を大々的に募集するという権能だった。（『翔ぶが如く』）

このような西郷軍への判官びいきや、木戸孝允が長州派司令官に語った、「西南戦争は大久保・川路と西郷・桐野らの私闘にすぎないのに、大久保が政府軍まで巻き込んだ」との批判、さらに島津久光・忠義や福沢諭吉が行った「征討軍休戦と公正な裁判の建議」を却下したことへの批判に対抗して、政府軍に官軍意識を持たせるためか、大久保政権は空前絶後といわれる高額年金付き叙勲の大盤振舞いを行っている。

あまりにもバラマキすぎたため、論功行賞の不公平と遅延などを不満とする者も多く、ついに近衛砲兵大隊二百六十人が反乱を起こすという「竹橋騒動」まで起きたほどだった。

征討総督本営では、大久保利通が軍の動員や編成、全体の戦略を主導し、両翼といわれた伊藤博文がそれを補佐し、大隈重信は軍事費の調達にあたった。

明治十年十一・十二月の勲一等旭日章は、大久保利通参議、伊藤博文参議、大隈重信参議、山県有朋陸軍卿、黒田清隆開拓長官、川村純義海軍卿など。勲二等旭日章は、旅団司令官の大山巌・川路利良・三好重臣・曾我準祐・高島鞆之助・野津鎮雄・三浦梧楼・山田顕義・赤松則良、海軍司令官伊東祐麿、鎮台司令官谷干城、九州臨時裁判所の河野敏鎌など。勲三等旭日章は、旅団参謀長の揖斐章・岡沢精・岡本兵四郎・小沢武雄・田辺良顕・野津道貫、鎮台参謀長の樺山資紀、臨時裁判所の岸良兼養など。

ところが、この西南戦争叙勲は「非常に不適当」と批判され、「政府の大いなる不体裁」とまで論じられた。これらの批判を憂慮した薩軍征討総督だった有栖川宮左大臣が、明治十三年六月宮中に参上し、「十年の役武官などの勲章すこぶる不当の物議もありたれば」云々との建言で、宮中関係者も、西南戦争の叙勲が大変不適当だとの評が世間で騒ぎ立てられていることを知った。そして、賞勲局で検討評議が始まり、将兵には大量に下賜したのに、文官には下賜されず、今日すこぶる不公平・不都合をきたしてはいるが、天下の人心も不平多い時で、勲章で外面を飾るはよからず、と文官への拡大は見送られた。

だが、明治維新前後に、勤王の国事のために尽くした人々へは下賜することになり、明治十三年から十四年に勤王国事尽力者への叙勲が行われた。

そして、勲一等旭日章は、王政復古の中心公家の中御門経之と中山忠能（明治天皇の外祖父）、薩摩藩国父で左大臣もした島津久光や、伊地知正治、副島種臣、松方正義などに下賜された。

勲二等旭日章は、尊王藩として明治維新に貢献した旧薩摩藩主島津忠義、旧広島藩主浅野長勲、旧長州藩主毛利元徳、旧越前藩主松平慶永、旧尾張藩主徳川慶勝、旧宇和島藩主伊達宗城などである。

西南戦争での勲二等旭日章は旅団司令官の陸軍少将クラスだが、薩・長旧藩主クラスの功績と位置付けされていることになる。換言すると、薩・長・広島・越前・尾張・宇和島藩主の明治維新での功績は、西南戦争の旅団司令官・陸軍少将並みと評価されていることになる。

勲三等旭日章は、旧岡山藩主池田章政、旧徳島藩主蜂須賀茂韶、旧熊本藩主細川護久、旧土佐藩主山内豊範、旧秋田藩主佐竹義堯などである。

西南戦争の勲三等旭日章受賞者は、旅団参謀長で陸軍中佐・大佐クラスだが、旧土佐藩主・熊本藩主並みの格付けで、大変な優遇ぶりである。これも換言すると、岡山・徳島・土佐・熊本・秋田藩主の明治維新での功績は、西南戦争の旅団参謀長の中佐・大佐の功績並みと評価されていることになる。

この叙勲格付けを客観的に比較してみると、大久保政権にとって西南戦争に勝つことがいかに重要かで、その前には王政復古の明治維新の功績など軽いものになっている。これほどの大優遇となると、征討軍将兵へ勲章大盤振舞いで官軍意識を持たせるとともに、将兵の歓心を買う懐柔策が必要な状勢があったのであろう。

この叙勲には給付金も併せて支給され、勲一等旭日章の大久保利通や山県有朋・黒田清隆・川村純義らの場合、年金七百四十円も付与されている。

そして、鳥尾小弥太・伊藤祐麿ら司令官は六百円、川路利良・高島鞆之助ら司令官と、九州臨時裁判所の河野敏鎌と岸良兼養が五百円で、旅団参謀長の野津道貫・黒川通軌らが三百六十円、品川氏章・岡本兵四郎・田辺良顕らが二百六十円の年金となっている。

参謀長でない陸軍中佐・少警視が勲四等・年金百八十円、一等大警部が勲四等・年金百三十五円、三等大警部が双光旭日章・年金百二十円などとなっている。

そして明治十三年まで将兵への叙勲は行われ、下士官などになると一次賜金が多くなっている。

ところで当時の一般官吏の俸給は、三等少警部十五円、警部補十二円で、巡査の初任給は五円である。最高の年金七百四十円は現在の金額に換算して三千万円ともいわれ、膨大な戦費で財政破綻に瀕し、緊縮財政に追い込まれていく中でも、手厚く大変な高額年金支給である。

この西南戦争の叙勲・勲章が、明治二十四年に再び注目を浴びた。

ロシア皇太子ニコライ・アレキサンドロヴィチが、シベリア鉄道の起工式に列席する途中、六隻の艦隊で訪日することになり、明治二十四年四月二十七日に長崎へ入港することになった。

このロシア皇太子の訪日を前に、奇妙な噂が流れた。「西南戦争で死んだはずの西郷が、ロシアに逃れて軍事顧問をしていたが、ロシア皇太子の訪日の船に同乗して帰国するらしい」と。四月一日付「東京朝日新聞」もこのような噂を取り上げて記事にした。

「郵便報知新聞」四月七日付も次のように報じ、この記事は全国の新聞に転載された。

「西郷生存説ついに叡聞《えいぶん》に達す。西郷隆盛翁死して復た活《まい》きんとす。道路喧伝の声叡聞に達す。陛下則ち微笑み給ひて、侍臣に宣《のたま》はすらく。隆盛にして帰らば、彼の十年の役に従事して偉効を奏せし諸将校の勲章を剝がんものか。承《うけたまわ》るも畏《かし》こし」

この頃には、西南戦争で征討（征伐）された関係者たちは、自由民権運動や国権主義運動などの有力な推進者となり、明治日本の発展に貢献していた。衆議院議長を二回務める薩軍小隊長の長谷場純孝《はせばすみたか》、四回務める立志社の片岡健吉、国権派重鎮の熊本隊幹部佐々友房《さっさともふさ》、不平等条約改正の名外相となる禁獄五年の陸奥宗光《むつむねみつ》、農商務相などとなる禁獄十年の林有三等《はやしゆうぞう》々。

明治天皇がどのような意向で仰せになったのか、「笑談にしては毒が強すぎる」との評もあるが、征討総督だった有栖川宮も憂慮された不適当・不公平な叙勲との世論の批判や、「よもの海みなはらからと思ふ世に、など浪風の立ちさはくらん」と詠んだ天皇は、外敵への国家防衛戦争でなく、同じ国民同士の戦争で、政府軍が死者六千二百人、負傷者九千五百人を出しているが、西郷軍も死傷者二万人を出している状況で、勝者への高額の年金付き勲章に複雑な思いを抱いていたのかもしれない。

四　勝者・大久保らへの逆風　判官びいきの国民感情と天皇親政運動

西南戦争に勝利した大久保政府は有司独裁政権を確立した。

明治十年の秋の頃の大久保について、大久保政権を支える両翼として伊藤博文工部卿と並ぶ大隈重信大蔵卿は、「これまで重苦しい雲が垂れこめたような感じを受けることもあったが、晴々とした感じになられた」と語っている。

これまで、西郷と私学校、それと反大久保色を強めていた島津久光の存在が、心理的圧迫となっていたのであろう。薩軍の敗北で、久光の勢力地盤も低下し、鹿児島の有形無形の圧力から解放されて晴々とした気分になったのであろう。

だが、予想もしなかった、専制独裁権力でも統制困難な新たな難題が出てきた。

第一は、前章でも述べた判官びいきの国民感情である。

源平の昔、強敵木曾義仲や平家を討つまで、源頼朝に重く用いられた源九郎判官義経が、木曾義仲を討ち、平家を一の谷・屋島・壇ノ浦に追い詰めて滅亡させたら、一転邪魔者扱いにされ、陸奥・衣川《ころもがわ》で殺されたことに、庶民は同情と口惜しさから、「判官びいき」という言葉を生んだ。

大敵が亡びると、それに尽力した功臣がかえって邪魔者扱いにされて殺されるのは、『史記』の中の「狡兔《こうと》死して走狗《そうく》（良狗）烹《に》らる」、「高鳥尽きて良弓蔵められ、敵国破れて謀臣亡ぶ、天下すでに定まりぬ、我れまことに烹らるべし」という古語のように、興亡盛衰の歴史の中で繰り返されてきたことではある。

明治維新の最大の功労者であった西郷が城山の露と消えると、この「判官びいき」の国民感情に火がつき、国民大衆から同情と哀惜の声が湧き上がり、源義経とともに悲運の国民的英雄となってしまった。

東京の市民には、官軍の総攻撃を中止させて江戸を戦火から救った恩人という気持から同情が強まった。地方では、秩禄処分と士族の商法で生活に困窮した士族や、地租改正の重税反対の農民一揆が明治九年には二十六件と江戸幕府以来最大といわれる件数にのぼっているなど、重税にあえぐ農民たちなどから「世直し大明神」と偶像視されるようになっていった。

第二は、明治天皇側近グループによる天皇親政運動の展開である。

明治六年政変で下野した参議の板垣・江藤・後藤・副島らは、明治七年一月に「民撰議院設立建白書」を左院に提出し、同志を募って「愛国公党」を結成し、自由民権運動へ乗り出していた。

江戸総攻撃中止で兵火の厄を免れた東京市が奠都《てんと》70年を記念し，昭和14年南洲翁の霊前に寄贈した常夜灯（南洲神社境内）

この建白書の冒頭には、「臣ら伏して方今政権の帰する所を察するに、上《かみ》帝室に在らず、下《しも》人民に在らず、しかも独《ひと》り有司に帰す。それ有司、上帝室を尊ぶと曰《い》はざるには非ず、しかも帝室漸くその尊栄を失ふ。下人民を保つと云はざるにはあらず、而《しか》も政令百端、朝出暮改、政刑情実に成り、賞罰愛憎に出づ。言路壅蔽《ようへい》、因苦告《つぐ》るなし」と記されている。

これは、要路の大官たる有司が専制し天皇や人民の意思もないがしろにされているというもので、この有司専制による国民の困苦を救うには、天下の公議をさかんにする民撰議院を設けて「有司ノ権限《かぎ》ル所アッテ、而シテ上下其ノ安全幸福ヲ受クル者アラン」と主張した。

この建白書と天賦人権論を基調とした綱領を掲げた愛国公党の結成は、有司専制への攻撃として政府内にも波紋を広げ、全国に広大な反響を呼び起こし、自由民権運動が発展していった。

たしかに、大久保を中心とした政府は、下人民《しも》だけでなく、上天皇《かみ》の意思もないがしろにした有司専制だったようで、天皇の徳育を補佐する侍補の佐々木高行も、「すべて何事も、聖上を御幼年中の如くに致し」と政府の態度に不満を日記に書いている。

薩軍征討令が発せられた時の国家意思決定方式は、大久保政府の決定を、三条太政大臣と岩倉右大臣が上奏し、天皇の承認を得て発令していた。この上奏を、二十六歳の青年天皇は承認せざるを得ないような状況だったのであろう。

西南戦争では、「天皇親征」の動きに対して、軍事を意味する乗馬を拒否したり、西郷軍との政治的対決となる政務を拒否されたのが、青年天皇の反抗といわれるものだったようである。

そして明治天皇は大器晩成と評されるが、明治十年冬から、明確に意思と態度を表明するようになってくる。

明治天皇の徳育を補佐する役の「侍補」の元田永孚《もとだながつね》、佐々木高行、高崎正風《まさかぜ》、吉井友実《ともざね》らは、天皇の側近として一つのグループを形成しはじめた。

このことについて、飛鳥井雅道京大名誉教授は次のように述べている。

そしてこの使命感は単に抽象的儒教倫理とか、職責などではなく、政治的危機感に裏打ちされていた。明治六年政変以後十年の内乱までは、西郷の辞任・反乱、その鎮圧中の木戸の死だけでなく、多くの不安が支配者をとらえていた。いわゆる新政府反対一揆は、西日本を数年にわたっておおっており、六年の筑前竹槍一揆の参加者は十万とも三十万ともいわれるほどであり、福岡県庁すら一時占拠されるほどだった。この一揆が反税だけならともかく、明治政府のあらゆる政策、たとえば「太陽暦」「解放令」にも反対するといった新政すべてを拒否する性格を表面化したことは、政府の対応をすら困難にしていた。この民衆の反抗は九年の三重県を頂点とする大一揆にまで拡大していった。地租三パーセントを、二・五パーセントに減額させ、「竹槍でドンと突出す二分五厘」とうたわれたこの闘争は、士族反乱より深刻な局面を呈しかねなかった。士族反乱は十年に西郷が滅びた時一応終結のめどがたったが、農民反乱は国家の基礎構造のすべてを、その後も決定してゆくのである。まして西南戦争は、膨大な不換紙幣の発行をまねき、政府の財政は破産に瀕《ひん》していた。この時政府はいわば大久保利通一人に集中され、井上馨・山県有朋の二人には汚職のうわさがたえずつきまとい、伊藤博文はまだ政治的実績を証明したとはかならずしもいえなかった。

侍補たちがこの時、宮中・府中の別といった形式論をふみこえて、天皇をいただくことで親政運動を展開しようとしたのは、ある意味では当然だったとすら思われる。まして元田永孚は大久保しか指導者がないことを知りつつも、大久保の政治理念には根本的な疑義をいだいていた。

(『明治大帝』)

元田永孚は熊本出身で、時習館に学び横井小楠の感化を受け、細川家の知育を担当する侍講から、明治四年宮内省に出仕し、明治天皇の侍講として『論語』と『日本外史』を講じた。元田は、明治天皇に中国古代の明君「堯《ぎょう》・舜《しゅん》」たれと説き続け、天皇に強い影響を与えたといわれる。後、宮中顧問官、枢密顧問官となり、天皇の御手許機密の顧問としてその信任を受けて活躍した。

佐々木高行は土佐の出身で、明治四年司法大輔（次官）に任ぜられ、岩倉遣外使節団に随行して欧米諸国の司法制度を調査した。明治六年政変後、左院副議長、元老院議官を経て侍補となり、元田永孚とともに侍補勢力を結集して天皇親政運動を展開した。

十二年十月、侍補の権限拡張をめぐり、伊藤博文内務卿、黒田清隆参議らと対立し、侍補制度は廃止されるが、佐々木への天皇の信頼は厚く、宮中に自由に出入りできる特権を認められ、参議兼工部卿を経て宮中顧問官・枢密顧問官となり、内閣の政治機密についても天皇から相談を受け続けたといわれる。

この佐々木高行の日記「保古飛呂比《ほごひろい》」は、宮中や政府の動向を記した貴重な史料とされている。

自由民権運動や士族の乱のスローガンに、明治維新は有司専制政治のためなどにやったのではなく天皇親政の王政復古のためであるとの主張がなされてきたが、明治天皇の側近グループからも天皇親政運動が展開されることになると、大久保を頂点とする有司専制は、腹背《ふくはい》から攻勢を受けることになり、揺らぎかねないことになる。有司専制政治存続への逆風が強くなってきた。

なお、明治十一年五月の大久保遭難の後になるが、重要閣議に明治天皇が出席する御前会議が開催されるようになり、国家意思決定に天皇が積極的に発言するようになった。

五　黒田清隆夫人斬殺風評と政治・与論の動向

黒田清隆は、薩長連合から戊辰《ぼしん》戦争と西郷幕下《ばっか》で活躍し、明治政府で外務権大丞《だいじょう》、兵部大丞を経て、明治三年開拓次官に就任した。

黒田は、「西郷を父、大久保を兄と仰ぐ」と述べていたが、大久保へ接近して政治的感化を受けるようになり、樺太（現サハリン）問題については大久保内治論に沿ってロシアとの摩擦を避け放棄しようとし、西郷の朝鮮使節派遣についても阻止しようとするなど、次のように西郷と対立した立場をとるようになった。

幕末に国境未確定・日露共有とされていた樺太について、西郷は尊敬する名君島津斉彬の「開墾して日本人種を殖し日本の所領なる分明にすべし」との積極的な植民開拓論を実現しようと、明治四年九月に陸軍少将桐野利秋を現地へ出張調査させていた。そして、明治五年七月、西郷は、北海道に鎮台を置いて自ら司令長官となり、樺太に分営を設け、篠原国幹《しのはらくにもと》を樺太分営司令官として、桐野利秋、辺見十郎太、淵辺《ふちべ》高照、別府晋介らとともに北海道に移住し、屯田法をもって開拓したいとの構想を、北海道と樺太を所管する開拓次官黒田清隆に宛てて、「自分と君とは情宜甚だ厚し、まさに死生を共にしたい、我北行の意決せり」と申し送った。そして明治六年春、北海道移住を閣議に謀ったりした。

黒田は明治六年政変で西郷が下野した後、大久保政権下で明治七年、陸軍中将兼参議・開拓長官へと昇進して行き、大久保内治論に沿って、対露強硬領有論や、副島種臣《そえじまたねおみ》前外務卿の樺太北部を買収しての全樺太領有論などを抑え、開拓中判官の榎本武揚《えのもとたけあき》を特命全権公使に推し、樺太を放棄し北千島と交換する「千島樺太交換条約」を明治八年五月、調印へと運んだ。これは西郷の、ロシア南下の脅威に対する樺太から朝鮮に至る防衛線構想の放棄であり、ロシアの強圧に屈したかと西郷は批判し、開拓使の屯田兵の長・陸軍中佐永山弥一郎も憤慨して抗議辞職し、帰郷していった。

明治六年の西郷の朝鮮使節派遣についても、黒田は、使節暴殺論に影響されて朝鮮へ死にに行くのではと西郷の身上を気づかい、かつ政府の関心を、朝鮮問題より所管の樺太におけるロシア・日本の居留民紛争に向けさせるためだったが、宮内省の吉井友実に謀って岩倉を太政大臣代理に任命する宮廷工作と、西郷が天皇へ直接上奏するのを阻止する対策を講じるなど、大久保の「一の秘策」の片棒をかついだ。この大久保らの起死回生の陰謀といわれる「一の秘策」は成功し、西郷留守内閣の西郷隆盛、板垣退助、後藤象二郎、江藤新平、副島種臣ら西郷の朝鮮使節派遣に賛成した参議は辞職し、岩倉具視、大久保利通ら外遊帰国組が政権を奪還した。「一の秘策」を大久保へ献策した伊藤博文は、工部大輔（次官）から二階級特進で参議・工部卿へ昇進した。

黒田は、朝鮮派遣使節延期で西郷が参議を辞任するとは思ってもいなかったようで、驚愕して西郷が身を隠した向島《むこうじま》の小梅の知人の別荘まで追いかけていった。また黒田は「一の秘策」の片棒をかついで、先輩でかつ親友の西郷隆盛を裏切ってしまったことについて、血を吐くような言葉で悲痛な反省を告白した次のような手紙を大久保へ送っている。

「今日ニ立至リ退テ篤ト我心事追懐候ニ、大ニ西郷君へ対シ恥入次等《はじいるしだい》、（略）西郷君トハ兼《かね》テ死ハ一緒ト、又従来恩義モアリ旁《かたわら》我心ヲ向ヘバ面皮《めんぴ》モ無之《これなく》、不得止事《やむえざること》ノ策トハ乍申《もうしながら》如何シテ同氏へ謝シ候様無之、恐人ミニテ最《も》ウハ実行ヲ以テ他日地下ニヲイテ謝スルノ外無之《これなき》ト決心罷在《まかりあり》候。爾来《じらい》ハ誓心、奸物等敷《かんぶつらしき》所行、天地鬼神へ懸《か》ケ不致様《いたさずよう》、奉祈候《いのりたてまつりそうろう》」

明治十年二月、西南戦争が勃発するが、西南戦争での黒田の行動は分かりにくい。

明治十年一月における陸軍大将は西郷隆盛ただ一人、陸軍中将は山県有朋、黒田清隆、西郷従道の三人で、海軍中将は川村純義、榎本武揚の二人だった。

陸軍中将・参軍黒田清隆は、衝背軍の別働第一・第二・第三旅団を率いて日奈久《ひなぐ》、八代《やつしろ》に上陸した。衝背軍（背面軍、南方軍ともいう）は黒田清隆の建策によるもので、肥後海から八代に上陸し、薩軍の背後を衝き、熊本城外の薩軍を攻撃しようという目的で編成し、黒田が自ら参軍（総司令官）として衝背軍を指揮し、薩軍に打撃を与え、熊本城包囲突破に成功した。

だが、八代・松橋・川尻と進撃し、四月十五日熊本入城までの黒田は、薩軍本営のある熊本への進撃命令を渋ったりして、衝背軍が熊本城下へ進軍した十五日には、すでに薩軍本営は十三日に木山へ撤退していた。「南方軍停滞す」という批判もあったようである。

熊本入城の翌四月十六日、黒田は「参軍辞任」を電報で要請し、大久保はその辞意のあまりに早いことをいぶかったといわれるが、四月二十三日に解任の辞令が出て、開拓長官の本職を務めるため九州をあとにした。

だが、薩軍が都城に本営を構えていた明治十年六月、黒田は宮崎県細島より側面攻撃を行う細島作戦を提唱し、出陣することを要望した。

この細島作戦実行のため、六月中旬に新撰旅団四千名が横浜を出港したが、途中寄港した神戸で上陸した兵が飲酒・乱暴を働き四百余名が捕えられたりして、この処分に手間どっているうちに薩軍は都城を撤退していったので、細島作戦は中止された。

このことについて、「細島作戦において黒田は監軍格であって、直接統率の任に当たり得なかった。しかしそれが西郷自決に追い込む戦果となれば戦局に与える効果は別としても、一身上に受ける世の不評は莫大であったろう。むしろこの作戦の未実施は黒田にとって好運であった」という見方・批評もある。

幕末から明治五年頃まで自他ともに認める西郷の弟分だった黒田が、なぜ、大久保派となって遣韓使節阻止、樺太放棄と西郷と反対の立場に回り、さらに西南戦争では、熊本城を攻撃している薩軍の背後を衝く衝背軍総司令官となったり、細島作戦を積極的に提唱したかである。西南戦争が八カ月に及んだのは、「一に西郷の威望と徳望によるものだった」と山県陸軍卿が述べているように、多くの旅団司令官・参謀長たちの戦意がそれほど積極的でない中で、東北などの旧親幕府諸藩の士族で「戊辰の復讐」を叫ぶ徴募巡査などで構成する別働第三旅団の司令官川路利良少将と並んで、黒田清隆中将の攻撃性は突出している。

黒田は出世欲・権力欲が強かったといわれるが、生涯のライバル山県有朋への対抗心から、権力者大久保の意に沿うようにということと、樺太放棄を西郷たちが非難していることに対する敵愾心《てきがいしん》からであろう。

黒田清隆は、戊辰戦争で奥羽征討越後口参謀、青森口総督府参謀、榎本武揚軍追討参謀を経て、外務権大丞、兵部大丞（陸軍少将・局長級）、開拓次官となった。

山県有朋も、北陸道鎮撫総督兼会津征討総督の参謀を経て、兵部少輔、陸軍大輔（次官）となった。

西郷陸軍大将は、陸軍省は山県へ、樺太を含む北海道開拓使は黒田へとレールを敷いた。無私無欲の西郷としては、北海道に移住し、親しい弟分の黒田とともに屯田兵で開拓と北方防衛に当たろうとする計画だったろうが、出世欲の強い黒田としては北方の地で生涯を送るのは有難迷惑だったと思われる。

西郷下野後、大久保政権下で、黒田は陸軍中将兼開拓次官、屯田兵憲兵事務総理、そして参議兼開拓長官へと昇進した。

山県も、陸軍中将、初代陸軍卿、そして参議兼陸軍卿へと昇進し、両者並ぶ地位である。

西南戦争が始まる明治十年二月頃には、長州派の総帥木戸孝允は病に倒れて病身となり、政治活動も困難になっていった。木戸系の山県に代わって、大久保専制政権下では黒田が陸軍卿となることも、軍功によっては可能性が出てきた。

それと、島津斉彬や西郷の方針を守り樺太を日本の領土として領有保持に熱心で、黒田が大久保内治論に沿って樺太を放棄して千島と交換することに対し憤慨して辞表を叩き付けて帰鹿した永山弥一郎元陸軍中佐・開拓使屯田兵の長や、西郷たちが「樺太と千島交換はロシアの強圧に屈し歓心を買う屈辱的外交だ」と非難していることへの敵対心もあったのであろう。

西南戦争最終の十年九月一日に城山に立て籠った四百名弱の西郷軍を、九月六日には四万の大軍で包囲態勢を整えながら、半月以上総攻撃をしなかったのは、どの司令官からも総攻撃への発言・提言がなかったからだといわれるような状況の中、黒田の突出した作戦行動が理解できかねる点である。

西郷軍征討に活躍した黒田中将を、東京市民は判官びいきなどもあって白眼視することも多かったといわれる。

黒田は幕末から明治五年頃まで、謙虚で寛容、道義心も強く、思慮と才智に富むなど秀れた特質・美点を備えた人物で、酒呑みだが陽気な酒だといわれていた。箱館戦争でも、降伏した榎本武揚、大鳥圭介らの助命に奔走し、西郷も「黒田の勇力なくてはとても命のない者で、満朝殺す論の中、奮然と建抜候儀、千載の美談と申すべきである。黒田の誠心によりここに至り、実に頼母しき人物である」と喜びほめていた。

それが、明治六年政変で大久保に頼まれて「一の秘策」の片棒をかついだため、西郷を裏切る結果となり、西郷が下野した後、心のバランスをくずして酒乱気味となり、蛮行への非難も出ていた。

西南戦争の軍功で勲一等旭日章を授与されたが、明治天皇が西郷を哀惜し、山県陸軍卿が涙の書簡を「朝野新聞」に掲載し、谷干城熊本鎮台司令官も切々たる哀悼の詩歌を作り西郷を惜しむような状勢の中、直情径行の黒田の苦悩も深まったのか、よく泥酔し「酒乱の乱暴者」と評されるようになった。

そして明治十一年三月二十八日の黒田清隆夫人清《せい》の急死について、酔って妻君を殴殺《おうさつ》したとか斬殺したとの噂が流れた。この噂については、新聞紙条例や讒謗律《ざんぼうりつ》など言論弾圧法を恐れて記事にはならなかった。

ところが四月十三日に、週刊の絵入り諷刺《ふうし》誌「団団珍聞《まるまるちんぶん》」（略称団珍《まるちん》）が、暴露記事と「黒田清隆を悩ます亡霊」の諷刺画を掲載した。この諷刺画に、各誌は次のような説明を付け招介した。

「図は右手に犀《さい》の幽霊が恨めしやとすうっと浮かび出ている。殺された妻《さい》（さい＝清《せい》）が成仏できずに迷い出ている。左手には中将服の男が女の尻をかばって、はったとにらみつけ、一刀を抜き放っている。この女に狂ってさいをあやめたことを想像させている。屏風には、漢詩が書かれていると見せかけて、その頭字には『黒開拓長官』と書かれている」

「団珍」の発行人野村文夫は、測量正《そくりょうのかみ》という高等官だったが、政府と合わず明治十年一月退官し、「団珍」で西郷びいきを民衆に吹き込み、明治十年代は自由民権思想の啓蒙に側面からの影響は大きかったといわれる。

　黒田夫人斬殺の風評は、長州派の伊藤博文工部卿が真相の糾明を主張していたことと、「団珍」の記事などで一挙に広まっていった。これには、薩摩系高官ということで有司専制政府への不満が、夫人急死事件をめぐって黒田に不利に集中した点もあったようである。

　まず当時、薩長高官たちが豪邸に住み、美妾を抱え、旧大名みたいに「御前様《ごぜんさま》」と呼ばせていることなどへの反感が、黒田の酒乱と夫人急死をめぐって高官嘲笑への対象となった。

　次に、西郷や旧師・旧友・親族などをはじめ同郷人を征討・死傷させてきた直後でもあり、夫人殺傷もやりかねないだろうとの冷たい見方と、清夫人が旗本の息女だったことから、江戸っ子同士の同情心が黒田への反感となり、夫人を蹴殺《けころ》したとの噂も生み、黒田に不利な情況があった。

大久保政権にとっては、大久保の盟友で、薩摩閥ナンバー2の黒田が夫人を斬殺したとなると、政権へのダメージは計り知れないものがある。

このような背景の中で、事態は進展し、収拾されていった。この事件を取り上げた書きものは五十編以上に及ぶといわれ、福沢諭吉のように結核による大喀血の病死だとの弁護論もあるが、暴殺論も多い。

一例では、大審院判事（現最高裁判事）や大審院検事（現最高検検事）などを歴任し、明治文化史研究で有名な尾佐竹猛《おさたけたけき》氏が、『法曹珍話閻魔帳』に「黒田伯爵の夫人斬殺事件」として次のように述べている。


明治の大元勲伯爵黒田清隆が夫人を斬殺したる事件に付近刊の法律新聞に出て居るが、未だ十分明かならざる点があるから更に其詳細を記述することにする。何しろ当時から全力を尽して秘密に葬られたのであるから世の噂には上って居《お》ったが、事実の真相は霞を隔て丶山を見るの遺憾があったのである。我輩《わがはい》爰《こゝ》に始《（ママ）》めて其霞を披《ひら》いて山の姿を表すのである。

先ず斬殺された先夫人の事から書くが旗下の士、中山勝重《なかやまかつしげ》の長女でお清《きよ》といった。妙齢十五歳、明治二年十一月黒田清隆の許へ嫁したのである。（中略）当時の豪傑連の常習として時の大官たる清隆が芝神明の芸者に馴染が出来た、それを一寸一言怨言を洩したというので、短気の清隆突然刀を抜いて夫人を斬殺したのである。夫人時に年廿三歳、時は正に明治十一年三月廿八日夕の惨劇である。

事は薩藩黒田了介時代とは異り、西郷・木戸等の元勲相踵《つ》いで泉下の人と為った後の薩藩の代表的勢力家であり、陸軍中将兼参議開拓長官正四位勲一等の顕官である。此変事で麻布の屋敷は引繰りかえるの大騒ぎで昵近《じっきん》の者は駈付けたが、当の清隆は一言も言わずに玉の様な涙を流して黙って居る。短気一徹で正直者の清隆のことであるから千悔万恨腸《はらわた》も九断するの感があったのであろう。

それから此間に処して最も活動したのが川路大警視であった。時の警視総監が全力を振って証拠湮滅《えんめつ》に尽力したのであるから事件は暗から暗に葬られたのである。

当時は官僚万能の時代で言論の自由抔《など》は認めない時であったから新聞に出る筈も無い。又新聞の勢力も極めて微弱であったからギューの音も出なかったのである。

併《しか》し如何に藩閥全盛の時代でも人の口には戸は建てられぬ、当時の所謂某重大事件として口耳相接《こうじあいせつ》した。此時悍然《かんぜん》として此事件を発《あば》いたのが円々珍聞であった。

円々珍聞といえば我国最古のポンチ雑誌であるが、単純なるポンチ専門ではなく言論抑圧時代に往々在る不平吐露機関である。藤田組贋札事件、大久保暗殺事件等皆此のポンチ誌の発《あば》くところとなったのであるが、此時も面白く可笑しく書き立てたのである。

一面には当時の反政府熱は民権論となって勢いを得つゝあったから、此事件は全然暗に葬る訳には行かなくなり、愈々《いよいよ》死体発掘という段取迄進んだのである。

愈々発掘となるや川路自ら進んで棺の蓋を少し開けて見て、之は病死じゃく変死じゃないというてただちに蓋をして埋めたのである。

これにて一切万事解決を告げたのである。

もう一例として、当時内務省庶務局長だった千阪高雅《ちさかたかまさ》は、松原致遠編『大久保利通』中の「公の威望、千阪高雅談」で次のように述べている。

事の起りは黒田清隆が、夜半《よなか》に女房を蹴殺したというので、大久保はその時留守であったが、騒ぎを聞いて帰って来た。

黒田の家は麻布にあったが、隣りや界隈の家が、色々の風説を立てるので、それからそれへと噂が広まって、大した騒ぎになった。

天下の大臣が酒を飲み女を買って乱れ、あまつさえ妻女を蹴殺すとは怪しからんというので、世間が八釜《やかま》しい。

「団珍」の記事などによって「暴殺事件」の騒ぎも大きくなり、臨時閣議が開かれることになり、閣議のもようを次のように記している。

遂に廟堂のうちにも之を不審として、いろいろと議する人もある。遂に内閣会議を開くことに決した。

其の時分は内閣の主な相談は大抵岩倉公の屋敷でしたもので、あそこは大臣参議連中の寄合所のようになって居た。

その日もやはり岩倉の邸で会議を開いた。議長の役目は三条公さ。

そこで皆が盛んに黒田の非行を譏《そし》った。今の大隈さんも来て居た。伊藤も居た。伊藤など盛んに憤慨した連中の一人で、是非とも黒田の女房の死骸を発掘して、事の真相を糺さなければ不可《いけ》ないというのだ。(中略)

ところが大久保は、唯々黙って居る。初めから居るか居らぬか分らぬ様だった。

すると三条公は、皆さんの意見は承ったが、内務卿は如何です、黙って居られるようだが、御意見は如何ですと聞いたら、大久保は漸く口を開いて、世間では大変八釜しいそうだが、私は疑がない、女房を殺した形跡は更にない。

どういう証拠からお調べなさるのか。

私は全く不同意であるのみならず、黒田は私と同郷の者で、親友だから、私は自分の身に引き受けて、そんな事のない事を保証します。

此の大久保をお信じ下さるなら、黒田もお信じ下されたい、とピーンと一言やった。

千阪はこの閣議のもようについて、次のような感想を記している。

「おれなどは憤慨党の一人で、どう大久保がいうかと、実は内々拳《こぶし》を握って待って居たが、此の一言で隣座敷には居たが、冷《ひや》っとした。

そして、ア、これはもう駄目だと思った。今まで猛り立っていた参議連中も、今の大久保の一言で、一遍に黙ってしまった。

議論屋の伊藤もすっかり黙ってしまった。大久保が斯う出ては、万事は駄目さ」

「この事件は、天下の疑問となったもので、今も疑問に付されている。

あの天下を騒がせた大疑問大事件を、大久保はタッタ一言を以て、ピーンと鎮めてしまった。

これというが、皆大久保の友情から出たものだ」

六　大久保利通と紀尾井坂の変

大久保は、西南戦争勃発直前の明治十年二月七日、京都出張中の伊藤博文へ、「西郷は私学校の鎮撫に努めているが、此の度は破れるに相違なかろう」として、「さりながら此節の端緒よりして（西郷暗殺問題から）もし干戈《かんか》と相成り候えば、名もなく義もなく、実に天下後世中外に対しても一辞柄の以て言訳も相立たざる次第、実に曲直分明、正々堂々、其罪を鳴らし鼓を打て之を討せば、誰かこれを間然するものあらん。就ては此節事端を此事に発《ひら》きしは誠に朝廷不幸の幸と、ひそかに心中には笑を生じ候くらいにこれ有り候」との書状を送っていた。

そして西郷軍は二月十五日、五十年ぶりの大雪を冒して鹿児島を出発して熊本をめざした。これに対して大久保政府は十九日、「鹿児島県暴徒、ほしいままに兵器をたずさえ熊本県へ乱入、国憲をかえりみず叛跡顕然につき、征討仰出され候条、この旨相達し候事」と早々に征討令を発した。

その後、明治十年九月二十四日の城山陥落で西南戦争に勝利し、大久保は独裁政権を確立した。

ところが、明治十一年三月の黒田清隆の酒乱事件に続いて、五月には大久保にも一年余前と正反対の奇妙な言動が出はじめた。

大久保は西郷を城山で殺したことへの非難を苦にして、自分と西郷はかつて余人が窺いがたいほど仲がよかったということを人々にしきりに言いたがったといわれる。

大久保が西南戦争中に京都や大阪で薩軍征討の総指揮を執っている間、内務卿代理にしたほど信愛する前島密《ひそか》が語った話について、司馬遼太郎は『翔ぶが如く』に次のように書いている。

前島は、(紀尾井坂の)事件の数日前、大久保を訪ねた。この日、寡黙な大久保がいつになく多弁なうえに、顔色が極度にすぐれなかったことで、前島は異様の印象をつよくした。

「自分は西郷と不仲であったことはない」

という意味のことを、老婆のくりごとのように語りはじめたのである。五年前、いわゆる征韓論をめぐる意見違いになったときも、言い争いをしたことがない、と大久保はいった。

（それは、おかしい）

という表情を前島はしてみせた。が、大久保は事実のみを訴えるがように述べた。大久保は、

「自分には、西郷老（第三者に対して西郷の名を出すとき大久保はかならず老という敬称をつけた）は終生の親友であり、畏友《いゆう》である。自分はかれが官を辞めて西帰するとき、極力これをひきとめた。が、かれは何が何でもいやだ、と言いつのるために、それならば勝手にされよ、といった。言い争いというなら、その程度のことである」

愚痴に似ており、そのこと自体、大久保のような男の口から出ることは、かつてなかった。大久保はさらに妙なことをいった。夢の話をした。夢を語ることは痴人のすることであり、大久保がそういうことをいうのは、尋常なことではない。

昨夜、夢を見た、という。

自分が、と大久保はいう。西郷と断崖の頂上で組打ちをしていたが、二人とも足をすべらせてはるかな谷底に落ちた。落ちたときに自分は頭蓋を微塵《みじん》に割り、脳がとび出した。死んだまま自分のその脳を見ていると、脳だけがぴちぴちと動いていて、じつにいやな気持がし

た。

西郷の死後、大久保はただ表むきその毅然《きぜん》とした態度をつづけていたが、神経の衰弱がよほどのものであったことがこの一事でもわかる。


明治十一年五月十四日、石川県士族島田一郎、長連豪ら六人は、大久保参議の参朝を赤坂紀尾井坂に待ち受けて斬殺し、斬奸《ざんかん》趣意書を持参して宮内省に自首してきた。

島田らは斬奸状を各新聞社に送っていたが、政府はその掲載を禁止し、「朝野新聞」だけが五月十五日、次のような記事を載せ、十日間の発行停止処分に処せられた。


【斬奸状、大久保の〝罪状〟を列挙】右の一大事件につき驚くべき事こそあれ。午後三時頃、社員は例のごとく投書箱を開き、数通の投書を検閲する中に、小石川水道町六番地梅本六助と題せる封書あり。開き見れば斬姦状とありて、前文の島田一郎、長連豪等の名にて、本日、大久保利通を途中に戮殺するにより、各社新聞をもってこの斬姦状を公布してくれとの添え書きあり。

その罪状の目は、「公議を杜絶し、民権を抑圧し、もって政事を私する、その罪一なり。法令謾施、請託公行、ほしいままに威福を張る、その罪二なり。不急の土工を起こし、無用の条築を事とし、もって国財を従費する、その罪三なり。慷慨忠節の士を疎斥し、憂国敵愾の徒を嫌忌し、もって内乱を醸成する、その罪四なり。外国交際の道を誤り、もって国権を失墜する、その罪五なり」とあり、その説き明かしは至って細かにて罫紙十三枚に満ち、文章もなかなか筆の立ちたる書きかたなり。（略）

この紀尾井坂の変は、西郷軍征討に尽力した黒田清隆と川路利良に大きな衝撃を与えた。特に川路利良大警視の衝撃は大きかった。

川路顕彰の原典とも言える『大警視川路利良君伝』の文中にも、悲運に遭遇との見方で次のように書かれている。

「さきには大西郷の知遇に報うるに、賊名を負わしめて終に岩崎谷《いわさきだに》の露《つゆ》と消えしめ、今や又大久保の恩顧に報うるに、兇徒の毒刃を以てして紀尾井坂の碧血と化せしむ。大警視の胸裡《きょうり》如《い》何《か》ばかりぞや。唯官界軋轢《あつれき》の聲漸く起るに至るのみ。噫」

特に、内務省の大久保系官僚は、悲しみと怒りを、警視庁が警備を怠ったからだと川路大警視へ抗議に来て非難し、それに対し川路は無言で苦しげにうつむいていたといわれる。

司馬遼太郎は次のように書いている。

川路は、その後も執務をつづけている。が、痩《や》せ方が、はなはだしくなった。眼窩《がんか》が黒ずみ、両眼だけが青く光っていた。

――夜陰、川路の枕頭《ちんとう》に西郷軍の亡霊がむらがって立つ。

という噂さえ流れた。郷党の亡霊どもは大久保が牆《かき》になっていたが、その牆が倒れて川路のもとに群がった、などという者もあった。むろんそういう事実はなかった。

「薩摩のごときものをひきずって一国の開化を立てんとする者は、万霊を慴伏《しょうふく》せしめるほどの勇気が要る」

と、川路は言うようになった。川路はゆらい悲壮趣味をもたない男だったが、こういう言葉を洩らしてみずからを鼓舞せざるをえないほどに川路の心身は衰弱していたのかもと思える。川路にとって自分が正しかったと思いこむ以外に自分の神経を守る手だてがなく、それには正義というものを思わざるを得なかった。開化と国内統一がこの時期のこの国の革命事実であり、それが正義であるとすれば、川路にとってはその郷国である薩摩を退治してそれを統一政権の傘下に組み入れ、ただの鹿児島県にしたことが第二の維新であったと思わざるをえない。万霊を慴伏せしめねばならない正義と勇気とは、そういうものであったろうか。

大久保斬死の翌十五日、伊藤博文が後任の内務卿に就任した。

伊藤は、大久保の政敵・木戸孝允の直系である井上馨を参議・工部卿に就任させて伊井政権を、これに山県有朋参議・陸軍卿を加えて長州三尊政権といわれるものを発足させた。明治・大正の政官界を支配する長州中枢政権の始まりである。

伊藤と並んで大久保の両翼といわれた大隈重信参議・大蔵卿は、長州三尊と新薩摩派との薩長政府からハジキ出されて、「大久保さんが長生きしてくれていたら」と愚痴を口にすることが多かったという。

七　名誉回復と顕彰へ

1　西郷の嗣子、天皇の命で留学へ

西郷の名誉回復については、七年忌の明治十七年に、伊地知正治《いじちまさはる》、元田永孚《もとだながざね》、吉井友実《よしいともざね》という宮内省グループと税所篤《さいしょあつし》とが、勝海舟を表面に立てて、山岡鉄太郎から有栖川宮熾仁《ありすがわみやたるひと》左大臣へ申し上げて奏上してもらい、これに対し明治天皇が御手許金でもって、嗣子寅太郎《とらたろう》を洋行させドイツ陸軍士官学校へ入学、菊二郎を外務省勤務、そしてアメリカ留学させるように仰せ出された。

まだ賊将西郷隆盛なのだが、その長男・次男へ外国留学を仰せ出されたことで、明治二十二年の憲法発布での大赦へのレールが敷かれたといわれている。

この明治十七年の西郷名誉回復運動は、明治天皇の側近グループが在野の勝海舟を発起人にして、太政官の外側から直訴的方法で有栖川宮左大臣に奏上してもらっている。

城山を背にした西郷隆盛銅像（昭和12年，安藤照作）

当時の政権中枢は、伊藤博文、井上馨、山県有朋の長州三尊である。伊藤は西南戦争の時に、京・大阪の征討総督本営で、大久保を補佐して、軍の動員や編成、全体の戦略など西郷軍征討の総指揮を執った過去がある。この功で勲一等旭日章ももらっている。西郷の名誉回復には消極的と懸念されたのであろう。

伊藤を蚊帳《かや》の外に置いてやらねば成功は難しかったのかもしれない。伊藤が驚いて、「恐ろしいことをする人だ。一応言ってくれれば好いにと」と言ったり、元田も吉井も「これから伊藤と悪くなった」と言うのが、それを表わしている。

側近グループが明治天皇の気持を推し量り、あうんの呼吸で進められたような名誉回復は、天皇の明確な意思が明らかになったことで、本格的な賊名除去へと門戸が開かれることになった。

2　西郷追慕の「城山」発表

勝海舟が、以前から、西郷軍に従軍した薩摩琵琶の大家西幸吉から頼まれていた西郷追慕の「城山《しろやま》」を作ったことを、明治十八年九月十八日の「京浜毎日新聞」は報じている。

幕末から明治の波乱の時代で政敵も多い中を生き抜いてきた勝も、明治十七年に、天皇が西郷の名誉回復に実質的な意思を明らかにしたことで、西郷追慕の祭文でもある「城山」を作っても問題ないと思ったのであろう。

城山

夫《そ》れ達人は　大観《たいかん》す　抜山蓋世《ばつざんがいせい》の　勇もあるも
栄枯は夢か　幻か　大隈山の　狩倉《かりくら》に
真如《しんによ》の月の　影清く　無念無想を　観《かん》ずらん
何を怒るや　いかり猪の　俄《にわか》に激する　数千騎
勇むに勇む　はやり雄の　騎虎《きこ》の勢い　一撤に
留り難きぞ　是非もなき　唯身一つを　打ち捨てて
若殿原に　報いなん　明治十年《ととせ》の　秋の末
諸手《もろて》の戦さ　打ち破れ　討ちつ討たれつ　やがて散る
霜の紅葉《もみじ》の　紅いの　血潮に染めど　顧みぬ
薩摩武夫《たけお》の　雄叫びに　打ち散る玉は　板屋《いたや》打つ
あられたばしる　如くにて　面《おもて》を向けん　方ぞなき
木《こ》だまに響く　ときの声　百《もも》の　雷《いかづち》　一時《いっとき》に
落つるが如き　有様を　隆盛これ見て　ほほぞ笑み

あな勇ましの　人々や

は勝海舟作である。次の、

猪の年以来　養いし
腕の力も　ためしみて
心の残る　事もなし
いざ諸共に　塵の世を
脱《のが》れ出でんは　この時と
唯一言を　名残りにて
桐野　村田を　初めとし
宗徒のやから　諸共《もろとも》に
煙と消えし　ますらおの
心の中《うち》こそ　勇ましや
官軍これを　望み見て
昨日は　陸軍大将と
君の寵遇《ちょうぐう》　世の覚え
比《たぐ》いなかりし　英雄も
今日はあえなく　岩崎の
山下露と　消え果てぬ
移れば変る　世の中の
無情を　深く感じつつ
無量の思い　胸に満ち
唯悄然《ただしょうぜん》と隊を組み
目と目を　合わすばかりなり

は、高崎正風の加筆。その後の、

折しもあれや　吹きおろす　城山松の　勇嵐《ゆうあらし》
岩間にむせぶ　谷水の　非情の色も　何となく
悲鳴するかと　聞きなされ　戍服《じゅふく》の　袖をしぼるらん

は、勝海舟作で結んでいる。

なお、高崎正風は、寺田屋事変後、沖永良部島へ永久流罪となった西郷の赦免召還《しゃめんしょうかん》のため、黒田清綱、伊地知正治、高崎五六らと、小松帯刀と大久保利通に久光へ嘆願してくれるように頼んだが、大久保は久光の怒りを買うことを恐れ、言を左右にして煮えきらない。

そこで、篠原国幹、永山弥一郎、椎原小弥太、三島通庸、福山清蔵らを加えた有志十数人の代表として、高崎五六と共に、西郷の赦免召還を申し上げ、お聞きくださらぬ時は久光の御前で腹を切ろうとまで決めて、久光に嘆願した。

久光は銀のキセルを噛み締め、その吸口に深い歯の跡がつくほど怒りながらも同意した。

大久保は、久光が赦免に同意した後は、使者に吉井友実を選んだり、歓迎の準備などに積極的に動き出した。

ここに不思議なことがある。久光に激怒されながら切腹覚悟で西郷赦免を実現させた者が高崎正風であることを、吉井や大久保たちは西郷に話さなかったようで、高崎もまた恩に着せるようなのでと西郷に会っても話さなかったので、西郷は長い間知らなかったという。高崎は西郷の真価をよく知った心の友であり、高潔な士のようである。

この「城山」は、当時、鹿児島だけでなく東京などでも盛んに歌われ、西郷追慕の風潮を高めたようである。

3　憲法発布の大赦で正三位追贈、上野に銅像建立

明治二十二年二月、憲法発布の記念として政治犯の大赦が行われ、西郷は桐野たちとともに賊名を除かれ、さらに正三位が追贈された。

二十三年七月、樺山資紀《かばやますけのり》、鬼頭隆一たちは宮城正門外に西郷銅像の建立を願い出、天皇は聴許《ちようきよ》された。

宮城正門外には、建武の新政で天皇親政に尽力した楠木正成の銅像が建っている。ここに西郷隆盛の銅像を建立するというのでは、王政復古・明治維新の最大の功臣は西郷ということになる。

多分、伊藤博文や河野敏鎌《こうのとがま》らの反対と思われるが、伊藤博文内閣の二十五年十二月、天皇は故《ゆえ》あって取り消し、樺山たちを諭して上野の地を下賜した。

そこで上野の地に西郷銅像を建立することになり、資金として天皇がまず金一封を出し、二万五千余人からの寄付金で、二十六年から高村光雲を主任として製作に着手、三十一年に完成

した。

上野公園での西郷銅像除幕式について、明治三十一年十二月十九日の「東京朝日新聞」は次のように報じた。

昨日午前、上野公園において故西郷隆盛翁の銅像除幕式を行いたり。当日、公園入口には紅白の国旗をひるがえし、式場を銅像の周囲に設け、憲兵、巡査等これを警戒せり。午前九時頃より来賓は陸続として入り来たり、十時、委員の案内にて式場に入り、それより建設委員長樺山（資紀）伯の報告あり。次に除幕委員長川村（純義）伯は、本日の盛式に南は西海、台湾より北は北海道より祝意を表せし人々多く、また多数の臨席を得たるを謝し、翁の事蹟はここに述ぶるを要せざれど、翁は実に慈愛に富み、義に厚きの人なりき、故に本日の盛典を見るに至りしは翁が盛徳の致す所なりと述べ、次に山県侯の祝詞あり。次に勝伯にかわりて川村伯は勝伯の和歌を朗読し、なお昔時江都百万の市民をして兵禍に罹らざらしめたるは全く二勇の力なり、今や幽明処を異にするも、両勇一場に会す、伯の心事深く察すべきものありと述べたり。（以下略）

東京上野の西郷隆盛銅像（高村光雲作，明治31年12月除幕式）

この上野の西郷銅像建立を最も喜んだのは、東京の薩摩人だったといわれる。薩摩人は恩顧を受けた先輩・友達でも同士討ちした冷たい連中だと他県人から批判されていた肩身の狭さから解放され、東京の薩摩人の名誉回復にもなったようである。

八　むすび

西南戦争については色々な見方がある。その中で、城山陥落後、判官びいきの庶民感情から、西郷は悲運の国民的英雄として「死して光芒を増す」ことになっていった。西郷軍征討関係者にとっては、明治天皇の西郷への痛惜《つうせき》の言動とともに、まさに想定外のことだった。

勝者として、位人臣《くらいじんしん》を極めても、判官びいきの西郷軍哀惜の庶民感情などの風圧からの悩みは深かったようで、大久保、黒田、川路らが心身の健康を害していったのも、心理的重圧によるものであろう。

司馬遼太郎の長編『翔ぶが如く』も、「ともかくも西郷らの死体の上に大久保が折りかさなって斃れたあと、川路もまたあとを追うように死に、薩摩における数百年のなにごとかが終熄《しゅうそく》した」という意味深長な文章で結んでいる。

第二章
歴史と権力の深層

一　「東京獅子」と台湾出兵徴集隊

1　西郷政府なら大警視の坂元純凞と徴集隊

坂元純凞《すみひろ》は、明治四年上京し、川路利良《としよし》、国分友諒《ともあき》、安藤則命《のりみち》、桑原譲、田辺良顕《よしあき》らと東京府下六大区の邏卒《らそつ》総長を勤め、五年九月には司法省警保寮の警保助《けいほすけ》・大警視《だいけいし》に川路利良とともに任命され、警保寮で勢力伯仲した両雄だった。

西郷が明治六年政変で下野すると、坂元は国分友諒とともに太政大臣三条実美と右大臣岩倉具視に西郷の参議復帰働きかけを行い、六年十二月には国分が三条太政大臣の特使という形で鹿児島へ西郷の呼び戻しに行った。

だが西郷に参議復帰の意思がなく、西郷呼び戻し運動は不発に終わった。

この前後、西郷への尊敬や、大久保と川路の西郷派追い出し工作もあって、六百名から一千名ともいわれる警察官が辞表を提出し、坂元・国分らと鹿児島に帰っていった。

そして明治七年一月、内務省・警視庁の発足となり、ライバルのいなくなった警視庁で川路は警察を掌握することになった。

同年二月、政府は、沖縄の漁船が遭難して台湾の南端に漂着したところ、台湾先住民の襲撃を受けて五十四人が殺害されたという台湾問題について、当時高まっていた士族の不満をそらすため、大久保利通と大隈重信の主導で台湾征討を閣議決定した。そして陸軍大輔（次官）西郷従道中将を台湾蕃地事務都督に任命した。

西郷従道は輸送船不足分について英国船と米国船を用船にする交渉などを進め、三千名の兵員を長崎に集結させていたが、木戸孝允が前年、内治第一主義で遣韓使節に反対しながら何故台湾出兵を行うのかと征台に抗議して四月十八日参議を辞任し、英国・米国も台湾遠征用船反対を通告してきたので、四月十九日に政府は台湾征討中止を決定した。

この頃、坂元純凞が警保寮を退職帰鹿した邏卒からなる徴集隊三百人を率いて長崎にやって来たので、木戸孝允の征台反対で山県有朋ら長州系軍人不参加の状勢下でもあり、従道は大変意を強くし喜んだといわれる。

その後中止決定は撤回され、五月十七日に、西郷従道台湾蕃地事務都督は長崎を出港して台湾へ向かった。

坂元純凞を指揮長、国分友諒を副指揮長とする徴集隊三百人も台湾征討に参加し、明治七年十二月に台湾撤兵で帰国した。この徴集隊員たちは、西郷従道都督の世話によるもののようだが、大多数が明治八年に元の古巣の警視庁に復職した。

国分友諒も権少警視として復職し、実弟彦七も徴集隊に参加、後に警視局に入り、安立綱之と名乗り十五代警視総監となっている。

後に警視総監・内務大臣となる大浦兼武もこの頃復職している。

京都伏見に、文久二（一八六二）年討幕挙兵を企てた薩摩藩士らが上意討ちされた寺田屋がある。この九烈士顕彰のため、闘死した橋口伝蔵の実弟樺山資紀の「至誠」の額、参加した西郷従道の子従徳の額、そして大浦兼武の額もある。

寺田屋事変に関係のない宮之城郷士《みやのじようごうし》の大浦の額寄贈は、徴集隊の上司であった西郷従道、樺山資紀との関係の深さを表している。

なお、明治三十一年十一月、大浦兼武は警視総監に就任しているが、これは山県内閣の西郷従道内相からの任命である。

坂元純凞は川路大警視のライバルだけに警察に復帰するわけにいかず、陸軍に入り陸軍裁判所権評事に任命され、西南戦争には陸軍少佐で第四旅団参謀として出征し、城山包囲戦で大保塁陥落の後、西郷隆盛以下薩軍諸将四十余名の検屍役として立ち会った。

坂元兄弟も他の薩摩系将校と同じく敵味方に分かれ、三男俊一は海軍少尉として川村純義海軍中将の参軍本部付を務めた。次男盛昌、四男謙吉は薩軍に参加し、大口と都城で戦死している。

なお、明治六年には警保寮で警保助・大警視として互角で同格だった川路利良は、陸軍少将・別働第三司令官という将官になって従軍していたが、鹿児島県民の反川路感情を憂慮した大山巌陸軍少将らの解任要請もあって退任し、七月一日に鹿児島を去った。

坂元純凞はその後、陸軍少将まで累進し、日露戦争には留守旅団司令官を務めた。

それにしても、大久保派だったか西郷派だったかによって、川路が明治十年に就任した陸軍少将・旅団司令官に、坂元は二十数年かかって到達したのを見る時、政権交代による落差の大きさに驚かされる。

純凞の弟俊一はドイツに留学し、新式機雷などを発明、明治三十一年に海軍造兵大監となっている。

なお坂元兄弟は、西郷隆盛夫人糸子の実家岩山家と親戚だった縁で、西郷従道や大山巌たちと親しかったといわれる。

2　徴集隊人脈、明治中・後期の警察で活躍

徴集隊は、大西郷を尊敬して大西郷下野と行動をともにして帰鹿した坂元純凞・国分友諒派である。大久保系の川路利良・安藤則命派と勢力を二分していて、明治七年一月に続々と辞表を提出して帰鹿していった人々であり、警視庁への大量復職は困難な件だが、台湾出兵への紆《う》余《よ》曲折《きよくせつ》もからみ、西郷従道台湾蕃地事務都督の大久保内務卿への強引な折衝で実現したもの

と思われる。

台湾出兵は、大久保内務卿と大隈大蔵卿作成の「台湾蛮地処理要」を実施するため、西郷従道を陸軍少将から陸軍中将に昇進させ、台湾蕃地事務都督に任命して行おうとしたものである。ところが木戸孝允参議及び英米両国の反対があり、途中で中止決定をしたので、三千余人の兵団を編成し待機していた西郷従道はハシゴを外された格好になり、「西郷は脱艦《だっかん》の賊徒であると答えたらよかろう」と放言して、進発を表明した。大久保と大隈は長崎に行き出兵中止を説得したが、猛烈に怒っている小西郷に押し切られて出兵に同意し、小西郷は三千六百人の兵を率いて進発した。

明治七年十二月の台湾撤兵後、徴集隊三百人の復員対策としての警視庁大量復職は、大久保内務卿としても台湾出兵からの解決策として受け入れざるを得なかったのであろう。川路大警視も復職を認めざるを得なかったにしろ、敵対したものへの執拗な攻撃的性格から、ケジメと川路体制への忠誠の踏み絵を踏ませたであろう。

その例が私学校瓦解《がかい》工作への参加であり、国分友諒の奮戦・戦死であろう。西南戦争に従軍した約一万人の警視局巡査隊の中で戦死した警察官は八百五十人といわれ、その中で陸軍少佐兼権少警視の国分友諒が最高位だったということは、熱狂的な大西郷崇拝者と見られていただけに奮戦を強いられたのであろう。

西郷従道の部下、そして陸軍少佐として台湾出兵に従軍した樺山資紀が、明治十三年に第三代大警視に就任する。樺山にとって徴集隊員は部下であり、戦友でもあり、非主流だった徴集隊出身者は主流派の道を歩めるようになる。

小西郷と樺山はその後内相も歴任し、また明治中・後期に内務省を支配した山県有朋とは盟友である。徴集隊出身の大浦兼武が警視総監や内相に就任、安立綱之が警保局長、警視総監就任というように、徴集隊出身者の存在と活躍は大きいようである。

そして明治二十年頃、山県有朋内相、芳川顕正内務次官、清浦圭吾警保局長の体制で、警察制度大改革と刷新人事が行われ、警視庁でも三島通庸《みちつね》総監によって部局長をはじめ古手警察官二百数十人の一挙免官が断行され、騒然となったといわれる。

古手警察官というと旧川路派が対象になるが、警察薩摩派は徴集隊出身者も担って健在だったようである。だが、坂元・国分派だった徴集隊出身者の存在と活躍は、歴史の伏流となっている。

3　非情な役割を担わされた「東京獅子」

明治九年十二月下旬、川路利良大警視の指令と訓示を受けて、私学校瓦解工作のため、中原尚雄《ひさお》ほか警部十名と巡査六名、書生五名の「東京獅子《あずまじし》」と呼ばれるグループが東京から密かに鹿児島へ十年一月帰郷した。私学校の瓦解と西郷暗殺を目的としているということで、西南戦争の起爆剤の役割を担うことになったグループである。

この「東京獅子」とか「警視庁帰郷組」と呼ばれるグループの指導者が中原尚雄少警部だが、中原は明治六年十二月に西郷下野の後を追って少警部を辞職し帰鹿した西郷派でもあった。「東京獅子」のメンバーの中には、西郷の下野と行動をともにし、その後坂元を指揮長とする徴集隊で台湾征討に出かけて警視庁に復職した中原尚雄たちのように、私学校瓦解工作に従事させられたのを見る時、権力の非情な一面を見る。

そして中原尚雄少警部が私学校工作のため接近した谷口登太も、西郷下野とともに警察を退職帰郷し、中原らと徴集隊に参加した人物であり、中原は警視庁へ復職斡旋を持ちかけて仲間に引き入れようとした。

そういう中、一月二十九日夜に汽船「赤龍丸」が鹿児島湾に入り、夜密かに鹿児島旧城下の武器火薬庫を開き兵器弾薬を出して移送する作業を行った。この武器火薬類は薩摩藩集成館事業で製造貯蔵されてきたものも多く、この武器製造資金を負担した鹿児島県士族たちには自分たちのものだという意識もあった。

明治九年十月の熊本神風連《しんぷうれん》の乱の時、木戸孝允による鹿児島の武器火薬庫を大阪に移してはとの提言に、川村純義海軍大輔が鹿児島の武器火薬貯蔵庫の由来を説明し、移動は士心を激発し、徒らに平地に波瀾を招くおそれがあると強く反対して移転の議は中止になっていた。

さらに火薬運搬には慣式があって、これを行うには必ず昼間にあらかじめ時間通路を定めて県庁に通報し、馬の背に尺四方の赤旗を立てて危険を表示するを例とし、県庁はまた広く沿道民家に予告し警戒させていた。

ところが県庁にもなんら通報せず、暗夜密かに搬出作業を行ったので、一般市民も私学校生徒も憤激した。

こういう状況下に、邏卒から警保寮退職、そして台湾出兵徴集隊と行動をともにしてきた仲間である谷口登太が伊集院の中原尚雄邸を訪ねてきた時、中原が「大事に至らば西郷に面会して議論し、聞き入れざる時は刺し違えるより他なし」と告げた。

これらが重なり、私学校若者の草牟田火薬庫など襲撃と東京獅子捕縛が行われ、西南戦争の導火線となっていった。

大山綱良県令が「三菱の蒸気船が火薬を積み込まなければ、私学校党も火薬を奪うこともなかった」と裁判官に申し立てたように、また川村純義海軍大輔が乱が起こると言った通りになった。

東京獅子の人々には「赤龍丸」派遣の挑発作業は知らされていなかったであろうし、私学校離間・瓦解工作と思っていたところに、一万数千人を憤激・挙兵に追い込み、西郷軍に四万人の参加者と二万人の死傷者が出る結果になったことは想定外だったと思われる。

東京獅子は、中原尚雄たちのように川路大警視の譜代グループでなく、明治八年頃警視庁再就職の外様グループからの起用もなされ、また西郷暗殺問題で斬殺意見も出る中、証人として生存させられたことなどを考えると、「捨て駒《ごま》」の非情な役割を担わされていたのかも知れない。

東京獅子にも、中原尚雄をはじめ何人か徴集隊出身者から起用されていたといわれるが、私学校瓦解工作などへの取り組みが「忠誠の証し」と見られ、時代と権力に翻弄された人々のようでもある。

中原尚雄は、川路大警視が告諭した次のような五カ条を所持していたが、壮士を死地に送るような激烈な告諭である。

一、官職有レ之者は、皆銘々、其職に斃れて止むべし。
一、官職は素より勅令也。勅命を奉じて賊を攘《はら》ふ。何をか疑はん。
一、勅を奉じて死を致す。何の栄か之に過ぎん。
一、古《いにしへ》より勅命を守りて賊名を請けたる者なし。
一、故に云《いふ》、死を以て職を奉ずる者は、常に恐るる敵なきもの也。如何にとなれば四方は賊野となり、大敵吾を囲むも、君命なる大義名分を戴き、死を以て之を貫かんことを目的とすればなり。

私学校石垣には政府軍による銃弾の跡が今も生々しく残っている

西郷刺客の真否については、色々な見方が多くの本で書かれている。

東京獅子の高崎親章は生涯、刺客説を否定し、孫の直義氏も刺客説は濡衣であるとの論文を書かれている。

司馬遼太郎も、高崎の場合、熊本の神風連の乱の後、林友幸内務少輔を補佐して熊本と鹿児島へ情勢調査に行き、帰京後また鹿児島行きを命ぜられての帰郷であり、刺客云々との関係は薄いのでは、との見方をしている。

他方、警視庁幹部から高知県知事、岩手県知事、香川県知事などを歴任した末広直方は、小倉市長時代に、「川路大警視からの西郷暗殺命令は確かな事実であった」とよく語ったといわれている。

刺殺命令の存否、出されたとしたら東京獅子の全員へか、中原尚雄ら一部へ出されたのか、刺客派遣情報を流して私学校挑発が目的では、など諸説があり、歴史の謎となっている。

中原は、明治十一年に東京府赤坂警察署長、板橋警察署長など主要警察署長を務め、明治十五年に高知警察署長・警部長を経て山梨県警部長、福岡県警部長などを務めた。

谷口登太は、北海道の釧路集治監看守などを務めている。

「歴史の皮肉」という言葉もあるが、『薩南血涙史』の著者加治木常樹は、西南戦争に従軍して出獄後、明治十五年に福岡県警部に任ぜられ、甘木警察署長も務め、余暇に西南戦争と西郷刺客についての調査をしていた。そこへ明治二十一年一月に、中心人物の中原尚雄が上司の福岡県警部長として赴任してきたので、加治木は四月に甘木警察署長を辞職している。

明治十三年から十六年まで、熱烈な大西郷尊敬者の樺山資紀が大警視と警視総監を務めていたこともあってか、西南戦争出獄者が警部などに就任した例は他県にも見られるようである。

なお、明治九年十二月から十年一月にかけて、私学校瓦解工作で帰鹿した人々には、「警視庁帰郷組」と「東京獅子」の二つの呼び方があるが、明治六年末の警視庁退職帰郷者との混同を避けるため、「東京獅子」の名称を用いた。

二　「東京獅子」たちの栄進に尽力した伊藤博文

「東京獅子」といわれた人々はそれぞれ栄進したが、中でも八人がめざましい栄達を遂げている（次ページ表参照）。

『西南記伝』はこのことについて、次のように述べている。

「中原以下一味党与は、事実に於て十年の大乱を煽動したる功労に酬《むく》ゆるに似たるものあるに非ずや」

当時の階級	氏名	官職
中警部	寺原長輝（園田長照を改名）	福岡県知事
中警部	菅井誠美	群馬県知事
権中警部	末弘直方	香川県知事、小倉市長
少警部	中原尚雄	福岡県警察部長
少警部	安楽兼道	警視総監（四回）
権少警部	高崎親章	大阪府知事
慶応義塾書生	柏田盛文	新潟県知事
外務省書生	大山綱介	無任所全権公使

「勿論、刺客の嫌疑者中に在ても、人材の用ゆべきもの少からざるに於て、政府の之を任用するは絶対的に否認すべからざるも、十年以後、憚《はばか》る所もなく刺客嫌疑者の重なるものを任用したるが如きは、吾人《ごじん》、政府が彼等を任用せざるを得ざる一種の特殊の情実ありしことを疑わざらんと欲するも能《あた》わざるなり」

このめざましい栄進について、大久保政府から東京獅子厚遇への密約が引き継がれているのでは、と書かれたものも多い。

大久保も川路も後で述べるように、東京獅子の人々との面会を世評を気にして断っているようであり、また西郷刺客問題についても沈黙を続けた。
こういう状況下では一般的引き継ぎは困難なようで、もし密約があるとすれば、大久保の片腕ともいわれ、京都の薩軍征討本営で大久保とともに薩軍征討の総指揮を執っていた伊藤博文へであろう。

ところで、明治十年一月に権少警部だった高崎親章《ちかあき》は、明治二十六年に茨城県知事から長野・宮城・京都・大阪と各府県知事を歴任した。子孫の高崎親義氏は、祖父親章に関係する刺客問題の雪冤《せつえん》のため、「西郷暗殺団は幻」という論文を書かれているが、その中に次のような文章がある。

◆沈黙のまま、両巨頭死去◆

私学校側は開戦に当り、開戦の責任は「刺客」を派遣した政府にあると専ら宣伝しましたが、政府側の当事者である大久保、川路はこの「暗殺団派遣説」については、積極的にコメントしませんでした。大久保は一行が捕らえられた後に、義弟の石原近義に宛てた手紙で「私学校勢は暴発に名分をつけるために、暗殺とか言いふらし、自分を卑劣漢扱いにしているのは遺憾千万だが、真相は後日明らかになることだから、世間に申し開きするには及ばない」と書き、「申し開き」はしませんでした。

一方鹿児島で私学校側に逮捕されていた帰郷一行は、救出されてやれ助かったと思う間もなく、こんどは政府側から暗殺未遂のかどで拘束されてしまいました。「忌まわしい罪人扱いに、誰もカッとせぬ者はない。腹が立って、腹が立って日なが一日、政府の処置を難じていた」と親章は後年、大阪の新聞のインタビューで答えています。

そこで一行は大阪に到着すると、たまたまそこへ出張していた川路に面会を求めたところ、川路は「世間では大久保の命令で自分が指図して貴公たちを刺客として鹿児島に送ったことになっているそうだから、この際面会するとかえって世の疑惑を招いてよろしくない。いずれ面会の機もあろう」と面会を断り、その後も沈黙を続けました。

両氏としては、事態はいずれ沈静するだろうから、これ以上に一行と自分らの関係に言及する必要はないと思ったのでしょう。

一行の暗殺未遂疑惑については明治十年末の裁判で「疑惑なし無罪」と法律上、一行は完全にシロと確定しました。そして大久保は明治十一年五月暗殺され、川路は十一年末に欧米視察に出発し、旅中病に倒れ明治十二年十月に死去しました。これで両氏がこの問題に社会的にコメントする機会は永久に閉ざされてしまったのです。

大久保と川路は、東京獅子との関係や西郷刺客問題について沈黙を続けたが、官職で大変優遇し慰労している。

こういう状勢の中で、仲間同士の結びつきと相互助け合いは強まっていったのであろう。歴史の研究には、文書・記録などとともに歴代顕官録、職員録なども重要な史料である。そして、栄転・左遷・賞罰は冷厳な歴史の軌跡でもある。

そういう点から、東京獅子の高崎親章、安楽兼道や、川路直系の小野田元凞など、警察官僚のトップに登用される人事をめぐって検討してみたい。

この場合注意すべきは、過去の史実を現代の常識で判断してはならないという原則である。現行警察法は、第二条（警察の責務）で、「その責務の遂行に当っては、不偏不党且つ公正中立を旨とし」と規定し、さらに第三条（服務の宣誓の内容）でも「不偏不党且つ公平中正にその職務を遂行する旨」と定め、不偏不党・公正中立を強調している。

ところが、明治時代の警察行政について、『内務省史』は次のように述べている。

「警察は国家の治安維持を職務とするものであるから、その当然の結果として政治と密接する。したがってまた、警察は当然に政治の影響から無関係ではあり得ない。そして、政治の影響とは、現実には政治の指導権を握る者の影響ということになる。そのことは、逆に、いつの時代でも内閣における内務大臣の地位を自ら重からしめ、政治の指導権を握る者からすれば、警察力を自己の支配下におこうとする欲望を抱かせることとなる。また、全国の警察行政を担当する警保局長や、帝都の治安維持に任ずる警視総監の人事は、どの内閣においてもとくに重要視され、両者の役割りは政務官的性格をもっていた」

警保局長と警視総監が時々の内閣と命運をともにする政務官的性格を持っていることを前提に見ていくと、まず高崎親章らを警保局長に登用したのは伊藤博文内閣である。

伊藤は、大久保の片腕とか腰巾着ともいわれ、長州人からは「本籍長州木戸派から大久保薩摩派へ帰化視された」といわれたほどの大久保派である。西南戦争でも、関西の薩軍征討本営で大久保を補佐して指揮を取っている。

佐賀の乱や西南戦争では、後の時代に陸軍参謀本部が主導した大本営の役割を、政治主導のシビリアン・コントロールで征討総督本営が担っていた。従って西南戦争では、軍の重要情報はすべて、大久保利通・伊藤博文の両参議に伝えられ、軍の動員や編成、全体の戦略など薩軍征討の総指揮は大久保と伊藤の両参議が執っていた。

そういう関係で、西郷軍征討の正統性保証の点からも、東京獅子の面倒を見ていく必要があったのであろう。

この点から注目すべきは、第二次伊藤内閣が明治二十五年八月八日成立すると、八月二十日には警保局長小松原英太郎を静岡県知事へと更迭している。小松原は、明治八年に創刊された私学校の東京における機関紙ともいわれた「評論新聞」の編集長をし、「圧制政府を転覆すべき論」を掲載して投獄された人でもある。

このような小松原が、山県有朋政権で川路による仏法的制度を独法的制度へと警察大改革に尽力し、警保局長に就任していることに危機感と対策の必要を感じたのであろう。

それと長州閥は、この頃、伊藤派と山県派に分かれていた。山県は山県系官僚を、陸軍省、内務省はじめ主要官庁に張りめぐらしていた。山県が最も尊敬し心酔した人物は、吉田松陰、高杉晋作、西郷隆盛といわれ、この三人も山県を高く評価し信頼していた。

山県は、長州藩出身者で大西郷と心を通わせることができた唯一の人物ともいわれている。西南戦争中に薩軍を延岡近くの俵野《ひょうの》に追いつめ、大西郷を討ち取るところまでいった際、山県総司令官は「夢の世と思い捨てにし夢さめて、置きどころなきその思いかな」という歌を詠み、悲しみを歌に託している。

また、明治三十一年十二月の上野の西郷銅像除幕式では、式辞を読みながら絶句して泣き、あの冷徹な山県が大西郷には純粋に尊敬の念を持っていたのかと、人々を驚かせている。

この山県に対抗するために、非山県系官僚を登用する必要もあり、反山県の川路系警察官僚に着目したように思われる。

さらにこの頃、上野の西郷銅像建立へ向けて、明治天皇も金一封を寄付し、寄付者もたちまち二万五千人を超えるなど、西郷人気が湧き上がっていた。

西南戦争時に、西郷軍征討の指揮を取った大久保利通と川路利良は亡くなり、大久保の両翼の一人で軍事費を担当していた大隈重信は、立憲改進党を組織して政府批判勢力に変わっている。

征討本営の命により、戦地での最高司令官を務めた山県有朋は、田原坂で勇戦した堂薩諸隊・熊本隊幹部で国権派代議士佐々友房の政治活動を応援したり、明治三十一年十二月、上野の西郷銅像除幕式には、山県内閣全閣僚を伴って参列したことに見られるように、西郷尊敬色を明らかにし行動していた。

西郷軍征討本営で大久保を補佐して指揮を取った生き残りとして孤塁《こるい》を守る形になった伊藤博文が、世論や政治状勢への対策の一つとして警察権力を掌握する必要があり、その人材を旧川路派に求めたと考えれば、東京獅子の高崎親章、そして川路と欧州警察調査に行った直系の小野田元熈が警保局長に就任した経緯が理解される。

第二次伊藤内閣発足とともに高崎親章が警保局主事から警保局長に就任して、四カ月在任して茨城県知事へ異動した。

二十六年三月、兵庫県内務部長から小野田元熈が就任する。小野田は、川路大警視が将来の日本警察を担う人材と期待し、欧州警察制度に一緒に行った川路直系の人である。

川路大警視没後も警視庁の部長などを務めていたが、山県有朋内相の下、内務次官に山県系官僚の芳川顕正、白根専一、警保局長に清浦圭吾が就任してから逆風が吹き始める。警視庁部局長から十九年十二月に東京府小笠原島司長、二十一年に長野県第二部長、第一部長を経て二十五年八月兵庫県内務部長と警察畑と離れたコースを進んでいたが、伊藤内閣で警保局長に抜擢され三年八カ月在任している。

それから警視総監を四回も務めた安楽兼道《あんらくかねみち》について述べると、安楽も明治四年御親兵として上京し、明治六年末西郷下野とともに帰郷している。

明治七年末に上京して警視庁に入り、東京獅子を命ぜられた後、十三年石川県警察課長、十四年警視庁警視、十五年から十九年まで〝難治県〟といわれる高知県警察部長で治績を上げ注目された。

高知は自由民権運動の土佐立志社の本拠地であり、西南戦争中には、大久保政府打倒の挙兵を計画したが、八月十八日早朝、警視局派遣の警部巡査隊によって、林有造、片岡健吾、谷重喜、大江卓、竹内綱（吉田茂の実父）ら有力政治家・言論人たち十数人が反政府謀略の陰謀で逮捕・投獄されたことがあった。

弾圧で統治できるような土地柄ではないので、安楽も自由民権運動への理解もあったのであろう。その後、山口・福島・岐阜県知事を経て、三十二年内務省警保局長、三十三年警視総監に就任している。

安楽も、明治三十三年十月十九日、第四次伊藤内閣の発足の日に警視総監に就任した。上司の内務大臣は、伊藤の娘婿でもある末松謙澄《けんちょう》で、伊藤系官僚政治家である。高崎・小野田・安楽たちの警察官僚トップへの登用は、伊藤博文という線で結ばれている。

安楽はその後、原敬《はらたかし》内務大臣からも任命されるが、原とはよほど気が合ったのか、その下で三回も警視総監を務めている。

原敬は、盛岡藩家老加判役という名門に生まれ、陸奥宗光外相の知遇を得て、局長・外務次官となり、大阪毎日新聞社長などを経て代議士となるが、薩長藩閥政府へ硬軟の術策と巧みな政治的手腕で対抗しながら、伊藤内閣の逓相、第一次・第二次西園寺内閣、第一次山本内閣で内相を務め、大正七年九月、初めて政党内閣を組織した。

原は、「一山」また「逸山」と号したが、これは、官軍が奥羽をさして「白河以北一山百文」と嘲笑した言葉の中からその号を選んだといわれる。

大正六年九月、当時、政友会総裁としての原は盛岡に帰った。明治元年からちょうど五十年目である。この時、旧盛岡藩士の人たちは、相集って「維新殉難五十年祭」を挙行した。この時、原が殉難の魂魄にささげた祭文は、

「同志相謀り、旧南部藩戊辰戦没殉難者五十年祭、本日をもって挙行せらる。顧みるに、昔日もまた今日の如く、国民誰か朝廷に弓をひく者あらんや、戊辰戦役は政見の異同のみ。当時、勝てば官軍、負くれば賊（軍）との俗謡あり、その真相を語るものなり。今や国民聖明の沢に浴し、この事実天下に明らかなり。諸子もって瞑すべし。余たまたま郷にあり、この祭典に列するの栄を荷う。すなわち赤誠を披瀝して諸子の霊に告ぐ。

大正六年九月八日　　　　　　　　　旧藩の一人　原　敬」

さらに『原敬伝』には、「かくして南部藩（盛岡）は滅びた。しかるに、天は、一人の復讐者

……雪辱者を残した。健次郎（原敬）はこの時の無念さを、深く頭にきざみつけて、終生忘れなかった」とも書かれている。

また原は、川路大警視が力を入れてきた反政府派に対する高等警察（政治警察）の職務権限を大幅に縮減している。

この原敬内相から三回も警視総監就任を要請された薩摩人安楽兼道は、思想・業績ともに興味深い人材である。

東京獅子にもう一人、興味深い人物がいる。

東京獅子に任用されたことを恥じてとか訣別してとかいわれるが、園田長照を寺原長輝と改名し、明治二十九年十一月に警保局長に就任し、後、福岡県知事になった人である。

二十九年九月に、川路利良嫌いで反川路だった樺山資紀が内務大臣に就任し、十一月に滋賀県内務部長だった寺原を警保局長に大抜擢した。

安楽兼道にしても、山口・福島・岐阜県知事を歴任してからの警保局長、警視総監就任であり、滋賀県内務部長からの抜擢は異例である。

そして明治三十一年に樺山内相の退任とともに退官しており、両者の信頼関係の深さから、徴集隊出身者だったのではないかとも考えられる。

そして寺原は、川路顕彰の『大警視川路利良君伝』への寄稿や文書提供も行っていない。

なお、川路大警視が仇敵視《きゅうてきし》していた山県有朋の山県系官僚政治家四天王といわれ、警視総監を二回、逓相・農商務相を歴任した大浦兼武も、「大警視の立場」という題で、明治八年十月頃からのことについて、「当時自分は鹿児島に於て応募邏卒の一人として上京したほやほやで、謂わば大警視時代はほんの小僧にすぎなかったのである」と川路との関係を述べながら、文章を寄稿している。

それに対し、寺原長輝の姿勢ははっきりしており、興味深い人材である。

三　休戦へ西郷説得に行こうとした木戸孝允

木戸孝允は薩摩をしばしば批判・非難している。このことから、西郷との関係もよくないように書かれたりしているが、木戸の文章をよく読むと西郷を非難している箇所はほとんどなく、攻撃の矛先はすべて大久保利通に向けられている。

木戸は学があって思慮深いせいか、難解で複雑な表現方法を用いたりするので、解釈に幅がある点と片言隻句を引用して、反西郷の敵役として利用されている傾向がある。

木戸と大久保の関係について、所謂征韓論をめぐって西郷隆盛、板垣退助ら五参議が辞職し、征台論をめぐって木戸孝允が参議を辞職し政局が不安定化してきたので、明治八年二月、井上馨の周旋で大久保利通、伊藤博文の両参議と在野の木戸孝允、板垣退助が会見協議した大阪会談と、西南戦争前後について見てみることにする。

大阪会談で、大久保が木戸らが求める議会制度の段階的導入と三権分立の要求を受け入れたので、三月八日、木戸は参議に復任し、板垣も続いて復帰した。

大阪会議の合意を受けて四月十四日、漸次立憲政体樹立の詔《みことのり》が発せられ、元老院《げんろういん》・大審院《だいしんいん》の設置、地方官会議の開催が行われた。

長州派総帥木戸孝允と土佐派で自由民権運動の代表板垣退助の復帰で政権基盤が安定し強化されると、大久保は立法機関として設けられた元老院の権限を縮小し、大蔵省・内務省の改革問題でも木戸の意見を軽視するなど態度が一変した。

それと、元老院を置いて立法の権を定め、大審院を設けて司法の権をつかさどり、行政は従来のごとく太政官で行うという三権分立も、人事で難航・混乱したことについて、政体取調掛を命ぜられ、後に元老院議官や法制局長官を歴任した尾崎三郎は、世の中に知られていない紛争と人事について次のようなことを語っている。

「右大臣岩倉具視を元老院の議長となし、左大臣島津久光を大審院の院長にせんとするの廟《びょう》議《ぎ》があった。ところが、久光が利通と争論して、遂に三条実美に向って利通も大隈重信も罷免を請うことになった。其の時に大隈は賄賂を収めたという説が伝わって、実美も之を罷免してもよいと言われた。が、大隈が之を聞いて久光に向い、若し私を罷免するなら、先ず自ら辞職するが、征台の結末を告げるまでは、私も大久保も挂冠《けいかん》（注：辞職）しないと言った。とにかく、島津・大久保・大隈三人の間に、紛議争論があったのである。そして台湾征伐の処理が終了せば、大隈を罷免することになったが、大隈が辞職しないので島津が中々承知しない。そこで島津を大審院の院長に任ずることにほぼ決した。其の頃に西郷隆盛が鹿児島にいた。島津が不平で郷里へ帰らば、二人が相謀《あいはか》って何事を起すかも測りがたいとて、政府は之を懼憂《くゆう》して久光を大審院の院長とし、具視を元老院の議長に補し、各司法・立法の権を主らしむということになった。ところが、岩倉は之に反対であるから、已むなく議長を欠員になし、後藤象二郎を副議長に補することになって、久光も大審院の院長にならないで、判事の首席にある玉乃世履が院長心得となって、漸く司法・立法・行政の分権ということになったのである」

このように三権分立で、木戸の掲げる漸進主義と中道政治が進展せず、大久保利通と伊藤博文が傍観しているので、木戸はひどく憤慨して辞意を表明したが、木戸を政府内に封じておきたい大久保は伊藤に依頼して木戸を慰留し、内閣顧問に留めた。

だが、木戸が参議として内閣の中にいなければ政治が安定しないという危惧から、三条・岩倉両大臣などからの参議復任要請に対し、木戸は、大久保が内務卿を辞任すれば参議に復帰すると主張した。このことについて、木戸派の陸軍少将で広島・東京・熊本鎮台司令官を経て宮中顧問官や枢密顧問官を歴任した三浦悟楼《みうらごろう》は、談話の中で次のように述べている。
「木戸公が内閣にあらざれば、朝野共に危惧の念があるので、十一月に至り、鳥尾小弥太（陸軍大輔）、品川弥二郎（内務大書記官）等が博文其の他の意を含みて、公の参議任官に奔走尽力した。が、公は利通が内務卿を辞さなくては、其の抱懐せる国利民福の画策が施設しがたきを察知し、極力之を拒絶して遂に入閣しなかったのである。其の後も、公の入閣を冀望《はいぼう》する者が多くて、依然運動が継続し、翌十年一月八日三条・岩倉両大臣は、特に公を招いて参議任官を熱心に頼み要請したが、断然之を固辞した」

一月十三日、公はさらに書を小弥太に送って、入閣に尽力するのを止めさせた。

その書中には、「然るに、政府に小生を無理に引きずりこむ主意、いっこうに相分からず、必ず一時の御都合なるべし、小生も亦人也、実に身の毛がよだち申候。浪華《なにわ》に於いても、大久保始言葉は丁寧極り、満身汗を生じ候心地いたし申候。然して、政府上に一度出候後は、全く無銭の田舎野郎が全盛《ぜんせい》の青楼《せいろう》に登りし形況の如く、汚辱を受けきたり、不快実に一言半句も、決而益なきを知る。其跡《そのあと》筆頭に尽くし難く候」とあり、「浪華の前年已に売られ、然るに浪華の甘言に迷い候は、実に小生之不明之極なり。一昨春来は、其を以明らめ、涕泣《ていきゅう》消光いたし候心事也」と記されている。

「木戸公は大久保等が任官を要請するに常に温言を以てして約を結び、一旦廟堂に列するに及び、その信約を忘れたるが如く、公の抱懐せる国策の卓越なるに賛同しがたくて之を傍観し、而も其の漸進なるをいとい、殊に博文等が、徒らに利通の威勢と姑息とに随従し、誠意を以て公の施設を支援しない前例を顧省《こせい》して、遂に入閣を肯んぜざ《がえ》ったことが知られるのである。

同十年の西南役に、私が戦地に赴くに及び、松菊公はしばしば書を寄せて国家のことを論じた。私が戦地から帰って、未亡人に面会したとき、未亡人は、松菊公の臨終に於ける状態を語り、且つ『良人の病革まるに及び、三浦にして生きて戦地から還るを得ば、情実が却て讐《あだ》となる、宜しく警省《けいせい》せざる可らずと伝えて呉れ』と、言い終わって、瞑目したとの話であった。今日に至るまで、其の言は歴々として、私の耳に存している。十年前西郷南洲の薩摩にあった時は、政府の之に憚《はばか》る所があって、敢えて専横《せんおう》を逞しうするに至らなかったが、松菊公が死去し、西南の乱の平ぐるに及び、政府は初めて他に憚るところなく、薩長情実の弊が大に萌し、今日に至って未だ脱却せざるものがある。松菊公の深憂先見《しんゆうせんけん》は、果して其の験あって、実に社稷《しゃしょく》の重臣というべきものである」

なお、木戸孝允の参議再復帰運動を熱心に行った鳥尾小弥太《とりおこやた》は、明治四年七月陸軍少将に任ぜられ、軍防局長、陸軍少輔《しょうゆう》、大阪鎮台司令官を経て九年陸軍中将に進み、陸軍大輔《たいふ》から参謀局長を経て十二年近衛都督《このえととく》となり、後に枢密顧問官となった木戸系の陸軍将官である。

品川弥二郎は、木戸孝允に従って薩長連携に尽力した。明治三年八月欧州へ派遣され、仏英独に滞在し、九年三月帰国し、内務大書記官、内務少輔、農商務大輔などを務め、十八年独逸駐在特命全権公使となった。二十年帰国後、宮中顧問官、内務大臣、枢密顧問官を歴任し、長州派の有力者で山県系官僚政治家ともいわれた。二十五年に、西郷従道や佐々友房らと代議士七十余名で国民協会を設立して活躍している。

西南戦争勃発に際して、大久保と木戸の対応は次のように対称的である。

大久保は十年二月七日、京都出張中の伊藤博文へ、「たとえ西郷不同意にて説諭を加ゆるにしても、到底此度は破れに相違なし」と予想し、「さりながら此節の端緒よりしてもし干戈《かんか》と相成り候えば、名もなく義もなく、実に天下後世中外に対しても一辞柄の以て言訳も相立たざる次第、実に曲直分明、正々堂々、其罪を鳴らし鼓を打て之を討せば、誰かこれを間然《かんぜん》するものあらん。就ては此節事端を此事に発《ひら》きしは誠に朝廷不幸の幸と、ひそかに心中には笑を生じ候くらいにこれ有り候」と、討伐へ向けて笑みを浮かべ、冷酷非情な書状を書いている。

一方木戸は、西郷について次のように同情的な書き方をしている。

「この人は元来忠実寡欲、国家のため功労も少からず候処、いかにも残念千万。元来同人憤怒の根元は明治六年朝鮮一条の破裂にて、断然帰県、明治七年台湾征討のことこれあり候については、実に有司勝手の計いをいたし候などと人に向き候ては憤論候由。爾後《じご》同人などを探索いたし、此奴はと随分気色に触り候もの出京候時は、忽ち八等出仕とか九等出仕とか登用に相成り、ますます東西離隔《りかく》の末ついにこのたびかれを暗殺するとか何とか申す事を聞き込み、この挙に及び候由。平生もっとも同人のなさざる所をなし候次第にて、一朝の怒にその身を亡すとは、すなわちこのことにこれあるべく、同人ばかりは幾応にも残念千万にござ候」

木戸孝允は二月十九日の日記に、

「此度、薩逆徒一条に付而《て》は、過日来自ら任して出張し、此難に当り、天下公正の基を相固め度と屢《しばしば》大臣へ歎願し、又昨日来山県・伊藤・鳥尾等へも切迫に相論せし末、大久保へも説諭し、今日は定めしその命をこうむるかと、内心相期せし処、あにはからんや御前へ召し出でこうむり、厳命を以って差し留こうむり、実に終身の遺憾に堪えざること也、余平生病根となりしものは、県の強弱に而、公正を失し、一新の大主意を欲レ誤もの也」

と書いている。

このことについて、『史実参照木戸松菊公逸話』の著者妻木忠太は次のように述べている。

「公が西郷隆盛と親交した始めは、実に慶応二年正月薩長同盟の締結の時である。爾来公は隆盛とは、凡そ十二年間の知人であったが、其の性質の忠実寡欲と果断とに服していた。が、隆盛の時態に暗くて、宇内《うだい》の大勢を洞察しえないことを常に遺憾としていた。殊に公は鹿児島県の勢力の為に、内治の平均を失うを憂慮していたが、会明治十年に西南の役が勃発した。公は其の近因が、内務卿大久保利通、大警視川路利良等に対する私怨なるを知り、自ら薩摩に赴いて隆盛等を説破し、擾乱を鎮綏《ちんあん》して公正の基礎を鞏固《きょうこ》にせんとし、戦地出張の降命を太政大臣三条実美に請い、利通及び、陸軍卿山県有朋・工部卿伊藤博文・陸軍大輔鳥尾小弥太等に斡旋を嘱し、只管《ひたすら》其の朝許を期待していた。ところが、畏くも天皇は公の請《せい》を聴許《ちょうきょ》し給わない。

図らずも、二月十九日御前に召させられ、親諭《しんゆ》して厳に出張を留め給うた。公は勅命を奉承《ほうしょう》したが、歎願の允許《いんきょ》せられないので、之を終身の遺憾に思ったのである」

もし、木戸へ西郷説諭の出張勅命が下っていれば、薩長連合の二大立役者《たてやくしゃ》であり、休戦と裁判による黒白決着の合意が成立し、政府軍と西郷軍合わせて四万人の死傷者が出たのを防げたであろう。

他方、木戸の持論と主張は大久保の内務卿辞任であり、「政府に尋問の筋あり」の西郷と会見した場合、大久保らの政治生命にかかわる交渉結果を持ち帰る可能性も大であったろう。木戸が終身の遺憾に思った戦陣出張の阻止には、このような背景もあったのであろう。

また、西郷軍挙兵について、木戸は岩倉からの西郷を罵倒した書状に対し、「西郷の所業、甚だ悪《にく》くべし。然りといえども政府も反省なくんばあるべからず。（略）何故に政府は薩摩に対して、過酷の御処分に陥り候や、一円合点に落ち申さず、孝允心底甚だ安からず」と、西郷のために反論している。また、「大久保の策謀がいかに秀でていようと、西郷の徳望・衆望なければ維新回天は出来なかった」と述べ、病の中、西郷に会いに行こうと切望していた。

さらに三月十四日、長松幹《ながまつみき》（修史局局長）に宛てた次の書状は、師の吉田松陰が「懇篤愛すべし」と評した木戸の、西郷への情義の篤さを表している。

「十二年前慶応二年丙寅《ひのえとら》、京都へ潜行、西郷伏見まで迎えに来り、是より和会《わかい》候て、終に両藩相合し、御一新の事業も両藩同力成就いたし候様のものにてござ候。薩人中にも西郷なかりせば、決して長薩和会同力は万々むつかしく、実に西郷も前後国家の為には苦労もいたし、又其功も少なからず候処、今日の次第に至り候は、誠に以て嘆惜《たんせき》の極に御座候。往時を想像候て、堪えざるここちいたし申候」

それから、明治十年五月二十六日夜に、木戸孝允危篤の報に接して大久保利通と五代友厚が大阪の病院に見舞いに行くと、昏睡状態に陥っていた木戸は大久保を西郷とまちがえて、「おお西郷か、よく来てくれた」と重いマブタを開いた。「大久保だ、しっかりしろ」と大久保が耳元で叫ぶと、「わかっとる、わかっとる、なあ西郷、もう大概にしたらどうじゃ」と、あくまで西郷の見舞いと思いこみながら息を引きとった、と五代友厚は述べている。

なお明治九年十月、神風連の乱の時に木戸は「鹿児島にある兵器火薬庫は大阪に移転すべきではないか」と主張したことがあった。

これに対して海軍大輔川村純義《すみよし》が、「兵器火薬庫には薩摩藩集成館事業以来のものがあり、移転は平地に波瀾を起こすことになる」と説明し反対したので、移転の議は中止になっていた。

ところが明治十年一月下旬、三菱会社所属「赤龍丸」へ、夜間密かに各所の兵器弾薬を移そうとした。火薬類運搬には慣式があって、必ず日中において、あらかじめ時間通路を定めて県庁に通報し、赤旗を立てて危険を表示するを例とし、県庁は沿道民家に予告し警戒させて行うこととしていた。

ところが夜間、暗闇の中で密かに運搬作業を行ったので、私学校若者が憤激して兵器火薬庫を襲撃して西南戦争の導火線となった。川村純義海軍大輔が乱が起こると反対した通りの結果になった。

このことについて、「木戸孝允の主張により」と書かれた本もあるが、木戸の主張は三カ月前で、川村海軍大輔の説明と反対で決着がついていた。まして、「深夜密かに搬送した」ことまで片棒をかつがされたら、いくら「死人に口なし」とはいえ、木戸はあの世からでも名誉毀損で訴えたいことであろう。

四　奥羽越列藩の怨恨と薩軍征討

1　戊辰東北戦争と苛酷な戦後処理

慶応四（明治元）年二月、有栖川宮熾仁親王は東征大総督に任ぜられ、西郷隆盛を総参謀として、薩長など二十二藩の兵を率い、東海・東山・北陸の三道から江戸をめざして進撃した。同時に、奥羽鎮撫総督に公家の沢為量《さわためかず》が任命されたが、この編成に異議が出て、総督は新たに左大臣九条道孝とし、沢は副総督に格下げし、参謀についても公家の醍醐忠孝はそのままだが、品川弥二郎（長州）と黒田清隆（薩摩）を更迭し、大山綱良（薩摩）と世良修蔵（長州）

に代えた。この人事は太政官の方針が鎮撫から戦争に切りかえられたことを意味した。

奥羽鎮撫総督は、薩摩・長州・筑前の兵を率いて三月二十三日に仙台に入り、仙台藩に会津追討の先鋒を命じ、米沢にはこれを応援すること、二本松・福島・磐城平《いわきだいら》藩に対して会津追討の援兵の用意を命じた。

だが、「奥羽相撃ちの策」の命令に対して、仙台・米沢両藩主は奥羽二十五藩連署の歎願書と会津藩謝罪歎願書を四月十二日に奥羽鎮撫総督府に提出したが、世良修蔵の強硬意見に押しまくられ、五日後に却下され、戦闘の続行を命じられた。

四月二十日、世良修蔵から大山綱良に宛てた密書を見た仙台藩士が、その内容に、増援部隊到着しだい会津を一挙に討伐すること、また仙台藩はじめ奥羽は皆敵と考えられる、と記してあったのに憤激して世良を斬殺した。

この世良暗殺事件の後、仙台・米沢両藩の提唱で、奥羽諸藩の重臣が仙台の白石城に集まり、奥羽列藩同盟を結成、これに長岡藩など北越六藩も加盟して奥羽越《おうえつ》列藩同盟が結成された。

この奥羽越列藩同盟軍と政府軍とは全面的な戦争に入り、特に長岡藩や会津藩援軍などの同盟軍と政府軍との北越戦争は二カ月以上にわたって一進一退の戦闘が続いたが、七月二十九日、長岡城の落城で大勢が決した。

越後口と白河口から進攻した政府軍は、米沢藩、仙台藩などを降伏させ、会津藩も約一カ月の籠城戦ののち、九月二十三日、開城し降伏した。

その後、盛岡藩・庄内藩も降伏し、戊辰東北戦争は終了した。この戊辰東北戦争は、戦争中の暴行・略奪とともに、太政官政府の長州主導といわれる苛酷な処分が長州とともに薩摩への怨恨を生んだ。

特に会津藩への処分は苛酷で、藩主の永禁固、家老一名の処刑、会津二十三万石から陸奥斗《むつと》南藩《なみ》三万石への転封、しかも実質七千石程度で、まさに挙藩流罪《きよはんるざい》ともいわれ、移住した藩士は、山や野原のあらゆる木の芽や山菜、草の葉までむしって飢えをしのいだ。地元の人たちは葉という葉はなんでも食うのを見て、「会津衆のゲダガ（毛虫）」と言った。米麦は無し、豆を食って暮らすのを見ては「会津の鳩ざむらい」とも言ったという。

この会津藩士の窮状と怒りについて書かれたものに、物頭二百八十石柴佐多蔵の子でのち陸軍大将になった柴五郎の手記、石光真人《いしみつまひと》編『ある明治人の記録――会津人柴五郎の遺書』があり、その一部を紹介したい。

「働き手がなかったので、開墾地に移らず借家住まいをつづけた。間口三間ほどの店造りで、店と六畳の二階と炉を中央に切った十畳ばかりの台所兼用の板敷きの室があった。どの室にも畳がないので、床板にワラを積みこみ、その上にムシロを敷いた。障子はあっても紙がないので、米俵やカマスなどを解いてワラなわで縛り、戸障子のかわりにしたが、陸奥湾から吹きつける西北の寒風は容赦なく吹きぬけてしまう。炉にたえず薪をたいても、炉辺でさえ零下十度になって食物も凍りつき、湯にとかしたカユをすすり、ほとんど無にひとしい寝具とムシロにくるまって炉辺に寝た。

父は家にあって網すき、なわないなどの手内職をされ、兄嫁すみ（兄太一郎の妻、太一郎は政府軍に捕われて東京で入獄中、のち青森県下北郡長）は毎日朝早くから晩まで授産所に通って機織りの工賃をかせぐ。炭は炉のたき火の消し炭、手製のタドンは夜のアンカになった。余は寒さに耐えられず、向かいの鍛冶屋に行き、ふいごのそばに丸くかがんでよく暖をとった。二本柳という主人も徒弟も余を邪魔にせず、放置してくれた好意はいまも忘れることができない」

父の柴佐多蔵は少年五郎に説ききかせ、叱責する。

「やれやれ会津の乞食藩士ども下北に餓死して絶えたるよと、薩長の下級武士どもに笑わるるぞ、生き抜け、生きて残れ、会津の国辱雪《そそ》ぐまでは生きてあれよ、ここはまだ戦場なるぞと厳しく叱責され、嘔吐を催しつつ犬肉の塩煮を飲みこみたること忘れず。『死ぬな、死んではならぬぞ、堪えてあれば、いつかは春も来たるものぞ。堪えぬけ、生きてあれよ、薩長の下郎どもに、一矢を報いるまでは』と自らにいいきかせた」

その頃、斗南藩の戦後処理の責任者のトップは会津城の軍事総督だった山川浩大参事で、その下に永岡久茂権少参事と産業開発を担当する広沢安任がいた。

このように惨憺たる状況なので、全国の批判分子を結集して明治政府を打倒をしようと、山川浩は薩摩にも行って大久保に批判的な人たちと密議をこらしていた。だが、土佐の谷干城から、今さら反乱を起こしても、実際に一万数千人の家族の命がどうなるかわからないと止められ、中止したといわれる。

戊辰東北戦争で会津から北越戦争に参加し、斗南藩権少参事、次いで青森県権大属《ごんのだいぞく》を務めた永岡久茂も、上京して海老原《えびはら》穆《ぼく》の評論新聞社に参加し、副島種臣、板垣退助、林有造らとも交友があったという。

明治九年、前原一誠の萩の乱が起こると、これに呼応して事を起こそうと、十月二十九日、会津士族十八人と小網町思案橋から船に乗り、千葉に行こうとして、巡査らと斬り合いになる思案橋事件を起こしている。

このように会津藩首脳の不満は明治政府に向けられ、私学校は頼れる存在と見られていたようである。

2　西郷と戊辰東北戦争

奥羽鎮撫について、徳富蘇峰は『近世日本国民史』で次のように述べている。

「予はかえすがえすも遺憾とする。もし大山や世良の代わりに西郷隆盛をして、九条総督の参謀たらしめ、仙台、米沢、秋田、盛岡の諸大藩の執政者と膝をまじえて語らしめたなら、あるいは一兵に血ぬらず、檄を伝えるだけで千里の広きを平定させることができたかもしれない。不幸にして彼は故山に帰り、再び出でて越後口の兵を見、庄内に乗りこんだ時には、いっさいの事がすでに落着したあとであった。ただ庄内はこれがため、永く久しく西郷に心服し、今なお庄内人士は、西郷に対しては、特別の敬意を払いつつある。これいわゆる力をもって服せず、心をもって服したからである。ひっきょう、当時の奥羽に人なく、たとえ人あっても、その力を用うる余地はなかった」

庄内藩が降伏した時のことなどについて、尾崎武四郎著『東北の明治維新――痛恨の歴史』も次のように述べている。

黒田参謀は、庄内のまき返しを恐れ、藩主忠篤を他藩に預けて、家臣を切り離し、かつ人質としておくことを主張した。また越後口から鶴岡に入った薩摩藩隊長山下房親は、藩主が降伏しても、家臣はみな内心不平を抱いていて、いつ爆発するかわからぬから、今すぐ鶴岡から撤兵するのは得策ではないという意見だった。西郷は、

「武士がいったん降伏したというなら、それでよい。それ以上のことは考える必要はない。もし、そのあと再び反逆したときは、引き返して討伐すればいい」

といった。この一言で、黒田も山下も鶴岡を引きあげたという。

また、ある隊長が西郷に、庄内に対する処分が寛大に過ぎるといったときも、

「庄内藩には王政復古の精神がよく通じておらず、朝廷の大旨も徹底してはいなかったことを、われわれとしては、よく察してやらなければならぬ。敵となり、味方となるも一に運命によるもので、いま庄内藩が順逆をさとって帰順した以上、もう兄弟同然ではないか。それを自分は勝者であるとして、尊大にかまえて、相手を敵視する必要はない」

すでに勝利をおさめた西郷の考え方としては、帰順した奥羽越諸藩に対して領地を削ったり、減石転封をさせたりしないで、旧領地にそのままにしておこうということであろうか。新政府が、その後にとった報復的な処置は苛酷すぎたので、西郷は痛嘆したというが、その真意は奥羽の民衆には伝わっていなかった。

なお同著は痛恨の歴史として、奥羽戦争の犠牲者について、日清戦争や西南戦争の戦死者と比較しながら、次のような統計数字もあげて説明している。奥羽越戦争の戦傷者については、調査した統計資料が少ない中、貴重な参考資料でもある。

明治十年の西南戦争は、官賊合わせて十万一千人、明治二十七、八年の日清戦争のとき、日本が動員した兵力は一二万である。奥羽の戦争は、明治維新に対する大きい歴史的評価と、官軍賊軍という錦旗意識のかげにかくれて、教科書的には顧みられなかったが、動員兵力だけでなく、奥羽諸民の犠牲を考えれば驚くべき内乱であった。

戦死者はどのくらいあったか、正確にはわからないが、

弘前藩　三六（青森県）
秋田藩　三六一
本庄藩　一三
亀田藩　一五
矢島藩　四
仁賀保（天領）一（以上秋田県）
盛岡藩　一一二（岩手県）
庄内藩　三二二
米沢藩　二八三（以上山形県）

仙台藩　一二六〇（宮城県）
会津藩　二八四七
二本松藩　三三七（以上福島県）
長岡藩　三〇九
高田藩　八九
新発田藩　四八
村松藩　一
草莽隊（金革、居之、北辰隊）一一（以上新潟県）

これだけで六千八十九人である。このほか諸藩の分を加えれば、東北七県だけで六千五百人くらいの犠牲者があったと推定される。新政府の西軍にしても、新潟県下で二百四十五人（内、薩摩四十六、長州六十七）、秋田県で百八十七人である。最激戦地であった福島県下のものを合わせると、三千〜四千人の戦死になるかもしれない。

戦傷者は、単に「おびただしい」とか「多数」とか書かれているので、よくわからない。火力が十分発達せず、近接戦闘が多かったから、知りうる資料と合わせ考えて、戦死よりいくらか多い程度と見てよい。

西南戦争の犠牲は、官軍が戦死六千二百七十八人、戦傷九千五百人、賊軍といわれた西郷側が死傷二万余という。戦死傷はこの方が多い。戦闘期間は、奥羽戦争の正味五カ月に対して約七カ月である。

鳥羽・伏見の戦いは維新史上、日本の分水嶺として大きな意義を持つが、戦争の犠牲は奥羽戦争に比べるときわめて少ない。会津藩だけの戦死は百三十一人であった。また、それよりさきの禁門の変は三十七人にすぎない。

日清戦争は明治二十七、八年と二年にわたるが、実際は七カ月で終わった。この時の戦死戦病死合わせて一万七〇四一人、このうち病死が一万一八九四人だから、戦死だけなら五一四七人である。奥羽戦争の奥羽諸藩だけで、これより約一千人多かったわけである。

3　奥羽越・桑名の怨恨を薩軍征討へ

作家中津文彦は次のような見解を述べている。

「歴史というのは、先人たちが生きて動き回った足跡の記録でなければならない。そこには、愚かな戦いによる死もあれば、崇高な精神の発揮された犠牲的な死もある。ドロドロした陰惨《いんさん》な葛藤《かっとう》もあれば、素晴らしい創造もある。それらのすべてが『歴史』にほかならない」

そういう見地からドロドロした葛藤からも目をそむけず、史料を踏査し直視していくと、歴史の深層が見えてくる。

西南戦争での権力の非情さは、戊辰戦争で惨憺たる被害を受けたといわれる会津・長岡など奥羽越列藩の士族の怨恨を薩軍征討へ利用したことであろう。

そのため、薩軍の強さに徴兵制軍隊では対応できないとのおそれから士族徴募が計画された。この士族徴募を進めようとする大久保利通、伊藤博文に対し、木戸孝允が「国家の将来に禍根となる」と強硬に反対して激論となったが、結局実施され、「戊辰の復讐」を叫ぶ徴募士族の奮戦は、薩軍征討に大きな戦果をあげた。

この士族の徴募巡査の募集を担当したのは、大久保から絶大な知遇信任を受けていた内務少輔前島密《ひそか》である。

明治十年二月、西南戦争の報に接して大久保が京都に向かう時、前島へ内務卿代理を命じた。そして、東北では庄内の動きに注意すること、川路大警視も西南に出発するから東京の警察には特に注意を払うことなどの指示を受けて、大久保不在中に前島は内務省の省務一切を処理する大役を務めさせられた。さらに軍事的な業務として、徴募巡査の募集も行った。

『前島密後半生録』(市島謙吉記)は、このことについて次のように述べている。

翁が此巡査を募るに当って特に一考されたのは、西南薩摩に対する敵愾心を利用されることで、募集区を選ぶに主として東北、北陸の十年前薩摩の為めに惨憺たる憂き目を見た処を以てしたのであるが、これが実戦に際して大なる功を奏したのも、実に翁が臨機の才略から生まれた結果と言ってよかろう。即ち彼等が戦地で勇敢なる働きをなし敵胆を寒からしめたということは、翁が一種の利用に依ることで、是等の機略は陸軍の圏外から起って実に大なる援助を為した。若し其功を現代的に論じたら金鵄勲章功一級にも当るであろうに、事が陸軍管轄外であったが為めに、当時之を前島少輔の功として知るものもなく、今は尚更誰れとて此間の消息を伝え聞くものすらない。但し川路の如きは当時深く之を徳とし、事平らぐの後、度々翁に謝したという。

この徴募巡査の募集に、奥羽越列藩の士族たちは、「戊辰の復讐へ」、「芋退治へ痛快」、「芋侍征伐の機会、欣快・めでたし」と応募したと各書に書かれている。

「報知新聞」藤田茂光従軍記は、薩摩討伐に向かう政府軍の御用船「鹿島丸」船中で東北出身徴募巡査たちが歌った次のような歌を紹介している。

妻や子供をふり捨てて　古郷の春をあとにして
恨み重なる薩摩潟　心づくしのかいありて
巡査の拝命受けてより　向う刀の切れ味を
胸の砥石でとぎすまし　刃向う奴輩《やつはら》切って捨て
君とわが身の敵を退き《の》　光輝く日の光

天が下にてふり照らし　お医者さまではないけれど
国の病をなおしたい

死の直前まで西郷が起居していた城山の洞窟

西南戦争で薩摩系・長州系の将官たちの戦意がそれほど燃えあがらない中、勇猛に戦ったのが別働第三旅団と新撰旅団だったといわれる。

明治十年九月二十四日、城山総攻撃の日に西郷たちの洞穴陣地がある岩崎谷最奥部に最初に突撃したのは新撰旅団であった。続いて岩崎谷入口をふさいだ大堡塁を攻撃したのは第四旅団だった。この新撰旅団の攻撃兵を指揮したのは、参謀副長立見《たつみ》尚文《なおぶみ》少佐であった。立見は会津藩と並ぶ佐幕派の桑名藩の出身である。

慶応四年（一八六八）一月の鳥羽・伏見の戦いのあと、桑名藩は戦わずして降伏開城を決定した。それを無念に思った立見は、同志八十余とともに越後柏崎の桑名藩飛地領へ潜行、奥羽越列藩同盟に加わって、鯨波、朝日山、長岡、与板、会津、寒河江《さがえ》と転戦した。

その後立見は、明治六年四月司法省十等出仕となり、十年三月には高知裁判所長代理になっていた。

北越戦争での戦闘に注目して新撰旅団参謀副長に登用された立見は、桑名藩士などの三重県士族四百五十名を率いて勇躍出征してきていた。そして西郷たち幹部を攻撃して、戊辰戦争九年後に復讐戦を果たしたと評されている。

続いて攻撃を行った第四旅団司令官の曾我祐準《すけのり》は柳川藩出身で、薩摩系司令官の三旅団と長州系司令官の三旅団は、岩崎谷口への攻撃を避けていたようである。

城山の大堡塁の最期の状況については、参軍川村純義海軍中将の参軍本部付を命ぜられ、伝令使として官軍陣営の間を行動してきた坂元俊一海軍少尉に関連しての次のような記述がある。

「城山の大堡塁が陥落した直後、俊一は早速塁下に駆け付けている。多くの官兵が塁を遠巻きにして休息している。塁内は屍体が山積のようになっていて、その中から『坂元』と呼びかける重傷の薩兵がいるのを見付け、駆け寄って見ると、知人の相良雄一郎だった。いろいろ事情を聞いている処へ殺気だった官軍の将校連がやって来て敵を助ける気かと詰問され、口論となったが、相良から最後の頼みだから俺の首を斬ってくれといわれ、首を斬ったので事は治まったという」

司馬遼太郎は、陥落直後の城山の状況について次のように書いている。

岩崎谷には薩軍病院が三軒あった。長田八郎邸もそのうちの一軒だった。病院には「病院」と大書された白旗がかかげられており、かれら傷病者の生命は敵によって保障されるということは、西郷がつねにいっていた。かれは政府軍が戦時国際法の慣習をまもるということを信じていた。

たしかに政府軍は、他の二軒の病院ではこれを守った。長田八郎邸を襲った隊は、これを守らなかった。十七人の傷病兵をことごとく銃剣で突き殺しただけでなく、死体もろとも火をかけて焼いてしまった。この所行は古荘の隊ではなく新撰旅団の隊だともいわれた。あとで問題にされたが、誰がどう処罰されたかはわからない。

攻撃部隊には戊辰のうらみとして薩人を憎む地方の者が多かったせいか、戦闘終了直後には残虐行為が頻出した。

死体はどういうわけか政府軍の兵士のために多くが裸にされていた。なかには陰茎が切りとられて口に哺《ふく》ませられていたりした。戦争を高貴なものとして教えられてきた薩人に対し、百姓あがりの鎮台兵が戦争の本質が何であるかを教えているようでもあった。

投降者も、戦局の他の段階では殺されることはなかったが、城山では四十余人という多数の者が手をしばられたまま冷水《ひやみず》の和田屋敷の丘の上にならばせられ、下士官の指揮で片っぱしから首を刎ねられた。二十五人まで斬られたとき、一士官がとおりかかって下士官を叱りつけ、これをやめさせた。

戦闘終了直後の政府軍の士卒や軍夫の殺伐さというのは、人間の所行とはおもえない。

（略）

大堡塁からひき出された死体は三十九体あった。どの死体も戦死後の損傷がはなはだしく、正視できるような状態ではなかった。桐野、村田、別府、辺見といった死体もそのなかにまじっていた。政府軍の薩摩系の将校が、いちいちそれを検分して、幹部のそれらだけをならべた。ただ辺見と別府の死顔が美しかったといわれているが、どのようであったかは見当がつきにくい。

城山のあちこちで死体数えがはじまっていたが、政府兵は数えるのが便利なようにいちいち銃剣で突き刺し、わざと損傷を加えた。

薩軍にとってせめてもの幸運は、戦闘がおわり、城山の各地点で降伏者以外がすべて死体になってしまったあと、風が荒くなり、みるみる天候が一変して滝のような夕立が降りはじめたことであろう。

どの坂道もそのまま川になったようにして雨水が流れた。そのあたりに血と砂にまみれてころがっていた死体も、天がこれをきよめてくれたようなものであった。

そして戊辰戦争の怨みを薩軍に向けさせたことについて、次のような見方をしている。

福沢は文明進歩の媒《なかだち》をした維新の破壊面での惨禍を旧幕や東北諸藩の例だけにとどめてい

るが、当時三百万とされた士族のすべてが被害者だったといっていい。その恨みが士族の反乱という反作用になって大久保にむけられたが、西郷は士族側に立ったために怨みの対象にはならなかった。ただ太政官は、会津士族に対して俸禄で釣り、その怨みを戦力として吸いあげ、政府軍に参加させて薩軍に斬りこませたことは、残忍な人間学の一表現といえるかもしれない。会津人は怨みを普遍化するゆとりのないままに、それを地域レベルでとらえ、地域の怨恨の代表として薩人という地域の人間どもの群れに斬りこみ、これを殺傷して報復の心をややなだめた。これもまた革命とその余震期の作用と反作用の一つであるかもしれない。
結局は大久保とその太政官が勝ち、西郷がほろびることによって世間の士族一般の怨恨や反乱への気勢は消滅したかにみえた。大久保とその権力はほとんど絶対化するかの勢いになった。

（『翔ぶが如く』）

明治維新を理想社会の黎明《れいめい》と期待し、長州と並んで多くの犠牲者を出して尽力してきた薩摩が、九年後の西南戦争では戊辰戦争の怨恨の対象として利用されることになった。
そして戊辰東北戦争での奥羽越諸藩の犠牲者をはるかに上回る犠牲者を出し、樺山資紀（第三代大警視・海相・内相）の「薩摩の好《い》い奴は西南戦争でいなくなってしまった」という言葉や、神戸の海軍操練所で坂本竜馬に学び、日清戦争で連合艦隊司令長官、日露戦争では大本営海軍幕僚長を務めた伊東祐亨《すけゆき》海軍元帥が、西南戦争で私学校徒らが戦死してしまった時、「後に残った鹿児島出身政府官吏はくずばかりだ」と言ったと『西南記伝』に記されているように、人材不足を嘆かせられることになった。

　薩摩派について、明治評論界で、人物評論・社会批評に健筆をふるった三宅雪嶺は次のようなことを述べている。

陸軍少将桐野利秋の開墾地跡（鹿児島市吉田町）

陸軍少将桐野利秋が農業に従事して
起居した住居跡（鹿児島市吉田町）

「薩摩派と言っても一様ではない、西郷、大久保、その他に島津久光という存在があった。薩摩をあげて西郷に与するというものでなかった。薩摩の人は両属である。

　両属とは、西郷・大久保に属しているという立場だ。ただし、その色分けから言えば、西郷流の出世に淡々としていた一派と、中央でポストを得たからには、これを基点にど

西郷南洲翁設立私学校跡

んどん階段を上がっていきたい一派があった。前者が桐野利秋・篠原国幹・村田新八・別府晋介といった西南戦争の最後に城山で一緒に死んでいった人たち。後者は、要するに大久保派についたということではないか」

明治七年六月、西郷が設立した私学校は、道義の研究・実践と尊皇愛民の志を養うという目標を立てていた。この私学校で、西郷は自分の志していた「私を退けた天の道」、「徳の道」といったものの養成を志していた。

従って西南戦争で戦死した西郷派の人々には、官職や金銭に欲が少なく、志を大切にして殉《じゅん》じるタイプが多かっただけに、樺山資紀や伊東祐亨たちは、鹿児島だけでなく日本国家の将来のためにも痛惜《つうせき》したのであろう。

第三章

権力抗争と藤田組疑獄

一　太政官　薩摩派と長州派

1　大久保と宿敵の木戸孝允・井上馨

薩摩の西郷隆盛と大久保利通、それに長州の木戸孝允は「維新の三傑」といわれている。大久保と木戸とは、木戸が自ら「水と油の性質の違いを強いて調和させて国の為などと申すはよろしからず」と述べているように、相容れざる関係だったが、西郷が参議で政権にいる期間はなんとか三巨頭体制が保持された。

だが西郷が明治六年政変で下野した後は、しばしば意見が衝突し、対立は先鋭化した。明治七年に台湾征討問題が持ちあがり、政府は征韓派士族に不満の捌《は》け口を与えるため台湾征討に手をつけることにし、大久保利通、大隈重信、西郷従道が推進した。

木戸は、「征韓反対」の舌の根も乾かぬうちに征台をするのは筋が通らないと次のように述べて、四月十八日辞表を提出した。

「その翌明治七年に至れり。去年内政を出張せし政党が、持論の内政はこれを高閣《こうかく》に括束し、忽ちその方向を一転して、去年排撃せし外征の論に傾斜し、遂に台湾支那の事あり。これより従前の内政論は久しく耳聞に絶せり。前年政府の分裂を距《へだた》ることけだしいまだ半年を過ぎず。また疑怪すべきにあらずや。もし半年の分裂は必ずしも生ぜざるべく、且つ初めより外征を主張せし西郷諸子に向って後来の慙愧《ざんき》なかるべし」

そして木戸は五月中旬東京を発ち、七月上旬、山口に帰った。

木戸が下野して山口に帰郷して以来、朝野の議論が大変紛糾し、政局も不安定化してきたので、大久保は伊藤博文に木戸の参議復帰を説得させた。

この間の事情について、徳富蘇峰の『近世日本国民史』は次のように述べている。

「今や政府は殆ど大久保一本立にて、その次官ともいうべきは伊藤博文であった。若し伊藤の長州における資望が木戸に及ばずとも、その半程もあったならば、大久保にとりては余程心配の程度が減じたであろうが、伊藤は政府の要人として調法であり、且つ調法のために有力でもあったが、長州人としての伊藤は、木戸どころか、井上（馨）ほどの勢力もなかった。恐らくは当時の長州人は伊藤をば帰化薩人視したか、然らざれば大久保の腰巾着視したるものが少くなかったであろう。随って伊藤の手を握るは即ち長閥の手を握るという訳には参らなかった。何はともあれ、長閥をつなぐ鎖は、木戸よりほかに適材は無かった。これが大久保が千辛万苦《せんしんばんく》して遂に木戸を口説き落し、廟堂に引っ張りこんだゆえんであった」

伊藤に井上馨も加わって木戸に政府復帰を説得し、木戸は明治八年一月上旬に下関を発ち、大久保の待つ大阪へ入り、「大阪会議」が行われた。

大久保が木戸や板垣の次のような提案に同意したので、木戸と板垣は参議に復帰することになった。

一、政府は二、三者の専権を防ぐため元老院を設く。

二、他日国会を開設する準備をする。

三、司法権を確立するため大審院を設く。

四、民情を通ずるため地方官会議を開く。

五、天皇親政を強固するため大閣は大政を輔翼し、政治諸般は第二流の政治家に当たらせる。

そして上院としての元老院と下院として地方官会議による議会と、司法権を取り扱う大審院の設置による立憲政体が樹立されることになった。

だが、立法機関として設けられた元老院は間もなく権限を縮小され、大蔵省・内務省の改革問題でも大久保と木戸は対立し、嫌気がさした木戸は明治九年三月、参議を辞任した。

木戸が完全下野すると政権が不安定化するので、大久保は伊藤らに慰留させ、内閣顧問として留めた。

木戸は、大阪会議で政府に復帰してからの不満と憤りを、明治十年一月に長州系の鳥尾小弥《とりおこや》太《た》陸軍大輔《たいふ》へ、大阪会議の時は、大久保はこちらが恥ずかしくなるほど丁寧だったのに、政府に復帰後は、銭《ぜに》無しの田舎野郎《いなかやろう》が流行の遊廓に行った時のように相手にされず汚辱《おじょく》を受けたと、第二章三で述べたような書簡を送っている。

大久保と木戸の関係は事例が示すように、政敵・宿敵という以上に天敵に近い関係だったようである。ところが大久保と井上馨の関係は、木戸との関係以上に悪かったようである。

木戸と井上は、維新以来形と影の如く協心協力し、死生を共にしてきた間柄で、その交情は親子兄弟に比すべきものといわれ、木戸は井上を長州派の後継者として信頼・嘱望していたといわれる。

木戸が亡くなった後、井上は自分を「人主を失した落魄翁《らくはくおう》」と述べたが、「人主」の木戸をいかに頼りにしてきたかがわかる。

井上が明治二年、大蔵大丞（局長）兼造幣頭《ぞうへいのかみ》となっていた時、大蔵大輔（次官）の大隈重信は参議に昇任した。大蔵少輔の伊藤は洋行中で、大蔵省の次官である大輔、少輔が空席になるので、大隈は井上を大蔵少輔に推薦した。

ところが、大久保参議は井上の大蔵少輔昇任に対する異議反対を岩倉具視大納言に進言した。しかし岩倉は井上を評価しており、伊達宗城《だてむねなり》大蔵卿も井上昇任を支持したので、明治三年、井上の大蔵少輔は実現した。

明治四年七月、大久保は大蔵卿に就任し、同年七月に井上は民部大輔になるが、民部省と大蔵省が合併されたので大蔵大輔になった。犬猿《けんえん》の二人が大臣と次官ということになった。性格的にも、井上と大久保は正反対である。

井上は明敏で才気煥発、熱し易く冷め易く波瀾万丈型の熱血漢、短気でおっちょこちょいだが明るい人柄、そして財政通で経済人だった。大久保の方は、冷徹な計画性と着実で驚くほどの執拗さとねばり強い行動力、感情におぼれない沈思型で「北洋の氷山」とも評された冷血漢、そして強烈な権力志向の統制主義者である。共通しているのは、権謀術数家という裏の面だったので、なお相反発したのであろう。

明治四年七月十五日に廃藩置県が発令された。そして、岩倉具視右大臣を全権大使、木戸孝允参議と大久保利通大蔵卿を副使とする欧米使節団構想が浮上した。

廃藩置県は、全国の諸大名いわゆる三百諸侯を免職にし、領地人民を取り上げ、天子の土地、天下の臣民であることを宣言した大改革であった。

三百諸侯が、土地人民への支配権を失うことへの不満、それに伴い藩士であった士族たちが禄米を断たれ、収入を失うことによる生活不安からの不満と苦しみに対し、どのように対応していくかは切実深刻な政治課題だった。

このような政治状勢の中、岩倉・木戸・大久保という要人が、国を留守にして長期の外国旅行に行くことに対して、西郷隆盛と板垣退助が反対した。しかし、新しい国づくりの手本となる欧米諸国視察も大切な急務であることを西郷と板垣に納得させ、使節団派遣が動き出した。

ところで井上は、省の長官としての担当業務がなく、かつ尊敬している木戸参議の洋行には大賛成だったが、大蔵卿という民政の要を担っている大久保が、この多事多難な国内状況の中、一年以上も海外旅行に行くことについては猛反対し、大久保が外遊して大蔵省の責任を自分に押しつけるのなら、自分も大蔵省の責任を負えないから辞任するとまで言って納得しなかった。

この頃、大蔵省は財政と民政全般を担当し、廃藩置県に伴う藩札・藩債の旧藩債務の処理、旧士族俸禄をどうするか、地租改正の問題など、難しい問題が山積していた。これらの大難問は、大輔（次官）としての立場ではとても処理できないから、跡始末をつけてから外遊するのでなければと、強硬に反対を続けた。

井上としては、大蔵少輔（第二次官）への就任の時は反対しておきながら、今度は大蔵卿代理の責任を押し付けて海外旅行に出かけるとは、けしからんという気持もあったようである。

海外視察旅行にどうしても行きたい大久保は、西郷に井上の説得を頼んだ。西郷の説得に、井上は「西郷さんが、大蔵省の責任も負ってくださるのでしたら」と、西郷が大蔵省事務監督を兼ねるということでしぶしぶ大久保の外遊を同意した。

そして、明治四年十一月、使節団はアメリカへ向かって横浜を出港した。

西郷留守内閣で各省は、人権問題、封建的身分差別の撤廃、法治主義の導入、近代的土地制度への改革、地券調査、金納地租などの地租改正、教育の普及へ全国に二万四千余校の小学校新設、鉄道開通、電信開通、郵便設置などに意欲的に取り組み実績をあげた。

積極的に急進的な開化政策と事業を展開すれば、予算も増加していくが、予算増額を要求する各省へ、井上大蔵大輔は健全財政の立場から大なたを振るって各省と衝突し、特に江藤新平司法卿や大木喬任《たかとう》文部卿、さらに大木らに味方する同じ肥前派の大隈重信参議らとの対立は激化した。

一方、国家財政の大きな負担となってきた華士族への家禄の支給に対し、現家禄の三分の一を削減し、残余を禄券で交付するという秩禄処分案を決定し、その実行という課題なども出てきた。

遣外使節団が出発して一年経った明治五年十一月に、廃藩置県などで激怒していた島津久光は、太政大臣三条実美《さねとみ》へ「西郷詰問十四条」を送った。この書状を見て驚いた西郷筆頭参議は、十一月末に久光へ説明のため鹿児島へ帰り、明治六年二月まで政府を留守にしたので、調整役がいなくなった。

そこで、三条太政大臣は西郷へ上京を促すとともに、明治六年一月十九日付で、外遊中の木戸孝允と大久保利通にも帰国命令を出した。

三月十九日にベルリンで帰国命令に接した木戸と大久保は、岩倉大使一行と別れて帰国の途に着いたが、外遊中に険悪な関係になった二人は別行動をとり、大久保は五月二十六日に帰国、木戸は七月二十三日に帰国した。

一方、留守政府の大蔵卿代理として、各省の増額要求に大なたを振るって健全財政を目指してきた井上大蔵大輔は、孤軍奮闘となっていた。こうなると、内事多端の折、一年半も国事をよそに全責任を押しつけて外遊を続けている上司の大久保への憤懣もあり、財政危機を理解せず近代化政策を推進する江藤司法卿や大木文部卿などを批判して、渋沢栄一大蔵大丞とともに明治六年五月三日に辞職してしまった。

井上大蔵大輔が、上司の大久保大蔵卿が日本へ向かう太平洋上の船の中にいるのに、独断で辞めてしまった背景には、次のような使節団への世論の影響もあったようである。

岩倉遣外使節団は、治外法権の廃止、関税自主権の回復、一方的最恵国条款《さいけいこくじょうかん》の改定などの条約改正に失敗し、「百名以上の大集団の二十カ月に及ぶ大掛りな観光団」とか「漫然たる巡遊」と酷評されるに至っていた。

ジャーナリスト・哲学者・歴史家として明治評論界で活躍した三宅雪嶺も、『日本人』などで次のような批評をしている。

> 初め大使一行の日本を出発せし際、必ず大に得る所あらんと期待せしに、米国にて改正の実地問題に触れ、早くも一行間に異議の起り、木戸が大久保及び伊藤の軽率を難じ、大久保等は之《これ》に快《こころよ》からず、（略）米国を去る時、事実上に漫然たる巡遊に過ぎざるを意識せるも、其の儘《まま》に中止すべくもなく、幾許《いくばく》か予想の狂えるに失望し、幾許か文明国の旅行に興味をそそられ、世界の形勢に通ずるを以て心に慰め、英国より仏国に渡りて新年を迎う。

大使及び副使は自ら徒《いたず》らに漫遊せず、為し得べき限りを為し来れりと考うるも、留守居の大官より観れば純然たる漫遊と同様にして、国事を余所《よそ》にし、花に戯れ月に浮かるるとは何事ぞと責められぬ許《ばか》りにて、空気は頗《すこぶ》る穏かならず。（略）大使一行中にさえ「条約は結び損《そこな》い金は捨て、世間へ大使（対し）何と岩倉」という狂歌の行わるる位にて、内地に悪評少なからず、恥の上塗とも取り沙汰せり、……大使らは何を為し来れるやを言うに難く、言えば欧米の文明又は世界の大勢を説くべきのみ、留守派は漫然たる洋行話を聴く欲せず元はと言えば、一大使四副使同勢百人という大掛りにて出発せしの誤りに起り、……大掛りの観光団は後より顧みて思わざるも甚だしけれど、既に発せし矢は帰らず、齟齬《そご》の結果として何辺かに大破綻《だいはたん》の起るを禦《ふせ》ぐに由なし。

大蔵省を辞めた井上は、益田孝、岡田平蔵、藤田伝三郎などとともに、鉱山業と貿易業を営む千収社を設立した。貿易では、米、生糸、茶などを輸出して、武器、羅沙、肥料の輸入を取り扱った。時期的にも、年貢米から金納へと変わって農民はなんとかして米を売る必要があったので、東北・山口から五万石買い入れ輸出したり、陸軍からスナイドル銃十万丁の輸入注文を受けるなどして莫大な利益をあげた。

政界では、明治六年政変で、岩倉・大久保・伊藤・木戸の外遊帰国組が西郷留守内閣を倒して政権を担当した。ところが、明治七年五月に台湾出兵をしたことに対して、木戸が、内治急務を理由に朝鮮使節派遣に反対しながら台湾出兵を強行するのは筋が通らないと、参議兼文部卿を辞任して山口に帰っていった。

大久保と大隈だけでは政権基盤が弱く、政局が不安定になったので、伊藤が奔走して、薩摩の西郷、長州の木戸、土佐の板垣を復帰させての強力な連立政権を作ろうとした。

西郷の復帰には三条太政大臣と岩倉右大臣が熱心だったが、西郷は断った。

木戸と板垣の復帰には、井上が色々と工夫・説得して、明治八年一月に、世にいう大阪会議が開かれ、大久保が木戸の求める議会制度の段階的導入と三権分立に同意したので、木戸と板垣は参議に復帰した。

井上も、木戸とともに政府に復帰することになり、明治九年二月に江華島事件講和条約の特命全権副使を務めた後、欧州へ留学した。

木戸は、井上を参議に推す予定であったが、諸事情で元老院議官に推し、一応元老院に入ってから大蔵卿か内務卿へ転任させる予定だったようである。しかしこの人事予定も大久保の反対などで難航したので、欧州留学ということになったようである。

2　明治前期の陸軍と警察の関係

山県陸軍卿と川路大警視との確執の背景には、創設期の陸軍と警察との対立もあった。

廃藩置県後の明治四年八月、陸軍は、東京・大阪・鎮西・東北の四鎮台《ちんだい》（後の師団）を置き、一万五千人の将兵を配置した。

明治六年一月には東京・仙台・名古屋・大阪・広島・熊本に六鎮台を設置し、国民皆兵の徴兵令を発布した。

西郷の参議辞任に伴いライバルの桐野利秋、篠原国幹と多数の近衛将校が帰鹿した後、山県有朋陸軍中将は、陸軍卿と近衛都督・参謀局長という要職を兼任し、軍政と軍事の国防と用兵の重要事項を担当することになった。


警察は、西郷隆盛が「ポリス」という概念で公共の治安維持を目的に、明治四年十月に東京府に邏卒《らそつ》制度を創設し、鹿児島から二千人、各府県から千人を採用して発足した。そして府下を六大区に分け、各大区に邏卒総長が置かれた。

明治五年三月に邏卒千人を増員し四千人となり、安藤則命《のりみち》、川路利良《としよし》、田辺良顕《よしあき》、坂本純凞《すみひろ》、国分友諒《ともあき》、桑原護の六人が邏卒総長に任ぜられ、各大区に配置された。

同年八月に東京府の治安責任が司法省に移り、邏卒も司法省へ移管され、警保寮が設置されて、川路利良と坂本純凞が警保助《けいほすけ》・大警視《だいけいし》に任じられた。

明治六年十月の西郷の参議辞職に伴い、警察でも千人近くが辞職した。

明治七年一月、内務省が設置され、警視庁が設けられて川路利良が大警視として長となった。

警視庁定員は二千人増員で六千人となり、鹿児島出身者の辞職などに伴う欠員などを含めて約三千人を、会津を中心に旧奥羽列藩の士族や旧親幕諸藩の士族からも大量に徴募した。

そして有司専制政府維持のための治安対策と、士族反乱や農民一揆の鎮圧の内乱対策も重要な職務となり、武装巡査隊を組織するなど強大な警察となっていった。


明治前期・中期の陸海軍は、政治主導のシビリアン・コントロール体制であった。西郷が参議で陸軍大将在任時代は、西郷が閣議に諮《はか》って軍を統制していた。

明治六年政変後、大久保利通の有司専制政権になるが、大久保は宮廷や太政官内で活躍して軍人としての経歴がなく軍に直接支持基盤がなかった。


そこで内務卿支配下の警視庁（警視局）の武装巡査隊を親衛隊としての治安警察軍としながら、陸軍の鎮台を統制していったようである。

内乱対策でも、「士族の反乱」といわれる佐賀の乱、熊本の神風連の乱、福岡の秋月の乱、山口の萩の乱や、明治九年に二十六件に及ぶといわれた農民一揆に対して、警視庁は出動して鎮圧に大きな役割を果たした。

反乱鎮圧については、「当時、およそ地方事生ずれば、必ず先《ま》ず東京警視庁に令して巡査を発遣《はっけん》せしむるを常とし、その戡定撲滅《かんていぼくめつ》にあたりなお足らざれば、初めて所轄鎮台に照会して出兵制圧せしめし也。故に出兵すでに鎮圧に帰すれば、その前後の処分は又これを発遣巡査の手に為《な》さしめた」（前島密元内務少輔閑話）と、東京警視庁が主役で、鎮台は補佐的役割に位置づけられていたようである。

新興国家では、陸軍の他に警察軍があったり、治安部隊が存在するのを見聞するが、大久保政権下の川路警視庁は、このような機能と組織を持つ強大な警察だったようである。

そして軍事訓練のために、明治七年、練兵操銃《れんぺいそうじゅう》の法を定め、一方面をもって大隊とし、各署を小隊とし、宿直明けを練兵出場日とし、教員を置き、署長たる警部をもって小隊長とし、警部補をもって半分隊長とし、巡査を兵卒とした。号令により操銃・隊伍開閉運動の進止を習得させた。そして実弾射撃の教習を受けさせた。

この錬兵操銃訓練によって全巡査が軍事を習得し、鎮台兵と相競うまでになったといわれる。

西南戦争直前の明治十年一月に内務省は警保局を警視局と改め、東京警視庁を廃止して吸収し、治安維持を内務省の直接管理にし、川路利良が警視局長となった。

この理由について『警視庁史稿』は次のようにも述べている。

「真の理由は、天下の形勢を見るに三重、茨城の士民蜂起に次いで熊本、山口の士族暴発があり、これを鎮定するも根底未だ抜けず、薩隅《さつぐう》には妖雲漠々変幻測《よううんばくばくへんげんはか》られず」と情勢判断し、「これを押え得るのは警視庁の実力のみであるが、みだりに地方で権力行使はできない。だとすれば限域を定めず実力を全国に示し、地方の実力を向上させ、とくに国事警察については一体となって未然防止をすべき時機となったからである」と、鹿児島に対する治安対策であることも記している。

川路大警視は、西南戦争が勃発した明治十年二月には、薩軍征討本営のある大阪に滞在し、三月には陸軍少将として新編成の旅団司令官となり九州の戦場へ赴いた。

そして西南戦争対策として、多数の徴募巡査の募集を行ったが、募集区を選ぶのに、十年前に戊辰戦争で官軍としての薩・長軍のために惨憺たる憂き目をみたところの東北・北陸の西南薩摩に対する敵愾心と怨恨を利用した。

この徴募巡査を主体に別働第三旅団と新撰旅団で約九千五百人（最大時一万四千三百人）を出動させたが、これは実戦に際して大いに功を奏し、「戊辰の復讐」と叫んで会津士族たちは勇猛果敢な働きをした。

だが、川路利良が司令官の別働第三旅団や新撰旅団の戊辰の怨恨も利用した薩軍への攻撃は、陸軍の他旅団との間に不協和音を生じさせた。

陸軍の司令官としては、野津鎮雄《のづしずお》第一旅団、高島鞆之助《とものすけ》別働第一旅団、大山巌別働第五旅団が薩摩系で、三好重臣《しげおみ》第二旅団、三浦梧楼第三旅団、山田顕義《あきよし》別働第二旅団が長州系と、薩摩三、長州三で、曾我祐準《そがすけのり》第四旅団だけが福岡柳川出身である。

徴募巡査隊の戊辰の復讐の標的は薩軍に向けられている。十年前の北越・東北戦争での官軍は薩摩・長州が主力だが、会津藩などへの闘争心からいえば池田屋事変、禁門の変などで多数の犠牲者が出た長州の方が強かった。

この西南戦争で薩軍が戊辰の復讐の標的とされていることに、陸軍の薩摩系将官だけでなく、長州系将官も複雑な思いだったようである。

二　広沢真臣参議暗殺事件

薩摩派が掌握した警察権力の行使をめぐって、長州派が被害者的立場になった第一の重大事件が、長州閥の巨頭広沢真臣《さねおみ》暗殺事件である。広沢は、木戸孝允、大久保利通と並ぶ太政官の大官だった。

その広沢が明治四年一月九日夜、麹町《こうじまち》富士見町の自宅で愛妾と就寝中に、忍び入った賊に十三太刀斬り付けられ殺された。その際、賊は妾を捕え縛り上げたが、金を出せと言って妾の縄を解き、妾が奥の間へ行ったのちに姿を消した。妾はその後、動転し、一時その現場から逃げて身を隠した。このことがのちに疑われる原因となった。

直接捜査にあたったのは、第一大区の邏卒総長になる安藤則命《のりみち》であった。

巷《ちまた》では広沢の政敵の仕業《しわざ》ではないかと噂された。広沢暗殺の二年前に、参与横井小楠、兵部大輔大村益次郎も暗殺されていた。

政敵説として、長州閥は広沢真臣派と木戸孝允派に分かれており、広沢と木戸は犬猿の仲だったので木戸の名が噂された。もう一人、広沢が、大久保の宿敵江藤新平や横井小楠と親しく政治的に反大久保派だったので大久保の名も噂された。

ところが、安藤が検挙したのは政争などと関係のない妾の福井かね、十九歳であった。かねは絶世の美女であるが、頭の方は少し弱かったようで、供述もあいまいで、言ったことをひるがえしたりする。安藤は疑いを深め、杖打ち、箱責め、海老責めの拷問にかけたところ、広沢家の家令《かれい》起田正一との情交を自白した。

起田は逮捕され、苛酷な拷問を受け、広沢の殺害を自白した。しかし、身柄が司法省に送られると、起田は供述をひるがえした。司法省で調べ直すと、起田もかねも、とても犯人と言えるようなものでないので釈放しようとしたところ、安藤配下の警察から猛烈な反対が来て、未決監に入れおかれた。

この事件に関連したもう一つの動きとして、大久保利通は岩倉具視に宛てた書状で、「広沢こと、誠にけしからん変に遭い、実に残念切歯《せつし》とも何とも申しがたく候、いずれウンとやりつけ、霊魂を安んじ候ほかござなく候」と岩倉の諒解を求め、広沢暗殺嫌疑で反政府分子の検挙・弾圧を行った。

大久保内治論に反対して樺太《からふと》領有を強硬に主張していた外務大丞《だいじょう》丸山作楽《さくら》、祐宮《さちのみや》時代の養育係であった田中河内介が寺田屋事変後惨殺された真相について明治天皇にお教えした宮内大丞小河一敏《おごうかずとし》や、柳川の古賀正幸、久留米の小河真文、熊本の高田源兵衛（河上玄斎）、秋田の初岡敬治など七十余名を容疑者として逮捕し、反政府活動の罪で禁獄や斬罪に処した。

福井かね、起田正一については、明治七年一月設置された東京警視庁の中警視（副総監）となった安藤と司法省との面子《めんつ》などもからみ対立のまま、四年間も警視庁の未決監に拘留された。福井かねは広沢の妾となってからも、起田との関係だけでなく、広沢の書生や従者の誰彼とも関係したというスキャンダルが出てきて、色情関係で殺されたみたいになってきた。

これでは長州派の名誉に関わるということもあってか、明治八年二月裁判に「参座《さんざ》」という陪審制を導入し、七名の中堅官僚が「参座」として陪審を務め、決着をはかることになった。

参座の投票の結果、無罪の票決が出て、裁判官は、「福井かね、起田正一、ほか連累《れんるい》三名無罪に決するを以て解放候事」と言い渡した。

このように広沢参議暗殺事件は、政争に利用されながら迷宮入りとなった。

なお、広沢参議は福沢諭吉に依嘱して欧米各国の警察制度を翻訳して報告させており、生きておれば、長州派としても警察に進出するつもりがあったと思われる。

三　藤田組疑獄事件

1　川路大警視「脳を割りて」摘発指示

独裁権力者が亡くなると、当たり前のように権力闘争が起こるといわれる。

大久保急死後、伊藤博文は直ちに大久保の後任として参議兼内務卿に就任し、欧州滞在中の盟友井上馨を召還帰国させて自分の後任の参議兼工部卿に就任させるとともに、陸軍を握る山県有朋陸軍卿と、所謂「長州三尊」で政権中枢を固めた。

伊藤が井上を急遽帰国させ、〝伊井内閣〟とも呼ばれる形にしたのは、伊藤が大久保を支える両翼の一翼とか大久保の腰巾着といわれるように大久保に密着して、〝本籍・長州木戸派だが現住所大久保系薩摩派〟とか、〝帰化薩人視〟されていて、長州派内に勢力がなかったからである。

井上は大久保には嫌われていたが、長州派総帥木戸孝允が後継者とみなしていて、長州派の正統的存在だったので、二人三脚を組む必要があった。それと、井上と伊藤は幕末から親密な盟友として二人三脚で、防長回天と維新へ活躍してきた仲だった。

井上は明治二年大蔵省造幣頭《ぞうへいのかみ》、三年大蔵少輔《しょうゆう》、四年大蔵大輔《たいふ》となった。維新後も、井上と伊藤との盟友関係は変わらないが、大きく異なったのは太政官政府の実力者大久保利通との関係である。伊藤と大久保との関係は親密だったが、井上と大久保とは犬猿の仲だった。

この新政権形成に危機感を持ったのが、大久保有司専制下、伊藤博文と並んで「両翼」といわれてきた大隈重信参議兼大蔵卿であった。それと、大久保政権への不平士族、農民一揆、批判的言論人を逮捕・弾圧して政権維持へ尽力してきた川路利良大警視だった。

維新の三傑をはじめ薩長顕官《けんかん》の中で大久保だけは、白刃の下をくぐったり軍を率いた経歴がなく、宮廷などを舞台に権謀術数の政治闘争の中ですごしてきたため、軍に直接の支持基盤がなかった。

そこで、腹心の川路大警視配下の警視庁武力治安警察隊は、大久保の親衛隊でもあった。なにしろ「地方で反乱が起これば、必ずまず、東京警視庁に命令して巡査隊を派遣し、その鎮圧撲滅にあたり足らなければ、初めて陸軍の所管鎮台に照会して出兵させ、鎮台兵とともに鎮圧すれば、その後の処分はまた派遣巡査隊にやらせた」といわれる軍事的能力・戦闘力を備えた治安警察軍でもあった。

新興国家では、軍と警察を掌握した者が権力闘争の勝者となって政権を握るといわれている。川路大警視は地位としては内務大輔（次官）クラスだったが、警察長官兼親衛隊長官としてその権力は、大久保の両翼といわれた伊藤と大隈に次ぐものだったろう。

権力者は警察の掌握が必要だということは、警察長官は権力者の系列人脈であることが必要だということになる。

政権中枢の井上馨は大久保利通と犬猿の間柄だったし、山県有朋は、鹿児島県民感情への配慮をした大山巖陸軍少将の進言という事情はあったにせよ、川路の陸軍少将・別働第三旅団司令官を解任した陸軍卿である。この政権体制では、早晩川路は更迭されるとの危機感が強かったと思われる。

川路大警視から安藤中警視への探索指令、これを受けて安藤中警視が、本来大阪府警察部と大阪検事局管轄の藤田組へ、極密に警視局警部巡査百余名を出張させて逮捕・捜索し、東京警視出張所を設置して拘留取り調べを行うという越権行為の強行など異常とも言える取り組みには、長州の政商藤田伝三郎と関係の深い井上馨と山県有朋の逮捕につながる頂上作戦に向けて並々ならぬ執念を感じさせる。

この事件は、明治十一年十月に関西出張した川路利良大警視が、三カ月前に伊藤博文政権の参議兼工部卿として政権中枢入りした井上馨について、藤田組の藤田伝三郎らと密接な関係があり、相結託して大阪・広島鎮台と陸軍省の高官らに賄賂を贈り不正商法で莫大な利益をあげていたなどの噂を聞き、直ちに探索を命じたことから動き出した。

そして十一月三十日に、川路大警視は安藤則命中警視に対し、井上馨が大蔵大輔を明治六年五月に退職して創立した先収会社とその共同経営者である藤田伝三郎、中野悟一らが、政府要路の高官へ賄賂を行使して陸軍省御用の軍需品を高価で上納の件、山口県地租米を元山口県令中野悟一が安く先収会社へ売却した件、尾去沢銅山事件などの捜査を命じた。

井上馨が設立し藤田伝三郎が社長を務めた鉱山業と貿易業を営む先収会社は、貿易では米・生糸・茶などを輸出して、武器・羅紗・肥料の輸入を取り扱った。

時期的にも、年貢米から金納へ変わって、農民はなんとかして米を売る必要があったので、東北・山口から五万石にのぼる米を買い入れて輸出したり、陸軍からスナイドル銃十万丁の輸入注文を受けるなどして、当時莫大な利益をあげていた。

それと、当時、関西からニセ札が発見されはじめたので、藤田組の急速な拡大と関連づけて、ニセ札の出所についても大蔵省と連携して極密に捜査を進めるよう命じた。

川路大警視から安藤中警視への指令書面には、「是非黒白調べ揚げたきものと存じ候、脳を割りてとくとご勘考くだされたく。これを探索するには、商売上仇敵となる者や、藤田組をしくじって追い出されて反感を有する者を捜し、引き入れて、『道具』として捜索し摘発されたく願い候」と、大変な意気込みで探索指令を発している。

川路大警視の藤田組事件への異常な熱意について、『世外井上公伝』は次のように述べている。

「警視局は薩派をもって固めており、この事件の糺断は川路大警視の意図に出で、部下の安藤中警視、佐藤権大警部等はそれを遵奉《じゅんぽう》して、川路の所謂『脳を割りて』藤田組の摘発に極力努めたことは明らかである。

川路は鹿児島の人、維新の際西郷隆盛に抜擢され、警察事務に携わり、江藤新平にも信用されてきて、征韓論が起り西郷が故山に帰った後は、大久保利通に従って警察を掌握してきた。川路は主義として長派に好感を持っていなかったことは窺い知られる。それで長派に対する不満から、厳重な藤田組摘発指令を佐藤らに授けたものと見られる」

好感を持たない長州派の中でも対象としていた人物は、佐藤権大警部の藤田伝三郎への審理が、井上馨、木戸孝允、三浦梧楼、鳥尾小弥太らと親しく交際している理由について訊問していることから推定される。

鳥尾小弥太陸軍中将は、大阪鎮台司令官や征討軍に対する補充・補給を管掌する参謀局長などを歴任していたので、軍用靴、軍服、食糧などの納入をめぐって賄賂不正商法疑惑の対象にしたのであろう。

三浦梧楼陸軍中将も広島鎮台司令官などを歴任したので、同じように軍用物品賄賂納入捜査の対象にしたのであろう。

鳥尾小弥太は、山県有朋陸軍の下で局長、陸軍少輔、陸軍大輔、参謀局長を歴任した直系の部下で、鳥尾らを捜査の対象にするということは、山県陸軍卿も捜査の視野に入ってくることになる。

川路と山県・三浦との間には、西南戦争の因縁があった。川路が別働第三旅団を率いて水保から大口へ進撃する際、山県総司令官に援軍を依頼して大口へ進んだが、三浦梧楼率いる第三旅団が遅れたため、辺見十郎太軍の猛反撃をくらって敗走したことがあった。

さらに、大山巌陸軍少将が、川路への鹿児島県民感情を配慮しての進言によるものだったが、川路は陸軍少将、別働第三旅団司令官の職を、参軍・山県陸軍卿から実質上解任され、七月一日鹿児島を去った。帰途、京都で大久保利通に会った川路は、山県への不満と恨みを相当述べたといわれている。

木戸孝允と大久保利通は犬猿の仲だったが、井上馨は、その木戸が最も信頼嘱望《しょくぼう》して後継者とも考えていた人物で、その上大久保との関係は木戸以上に悪かった。

大久保の股肱《ここう》の臣として、反大久保派を鎮圧し、大久保の有司専制政権を支えてきた川路にとって、伊藤博文はいいとして、反大久保の井上馨と反川路の山県有朋とが、「長州の三尊」といわれて大久保暗殺後の政権を支配し、旧大久保政権を変質させていきかねない政治状勢に危機感も感じたのであろう。

伊藤博文とともに大久保利通の両翼といわれた大隈重信大蔵卿も微妙な動きを見せていた。大蔵省は貨幣の流通を所管する役所なので、ニセ札の流布を憂いてのことでもあろうが、川路に協力して機密費二万円、今日の金額にして数千万円相当を出して警視局を援助していた。

川路大警視は、佐藤権大警部を贋札《がんさつ》探偵主任に命じるとともに、大阪裁判所天王寺区裁判所長の桑野礼行に協力を依頼するなど捜査体制を敷いて、大変な意気込みで藤田組などへの捜査を進めた。

この頃、欧州の警察事務調査の話が出て、明治十二年二月から二カ年の予定で、川路大警視は洋行することになった。時期が時期だけに、藤田組摘発に熱心な川路を洋行させ、事件をうやむやに葬り去ろうとする策とか、川路は贋札の証拠を得るため欧州へ洋行するとかの説が流れたりした。

司馬遼太郎はこの川路の洋行について、次のように述べている。

川路に、外遊のはなしが出た。

かつて明治五年九月、かれは警察制度の視察と研究のために主としてフランスへゆき、一年後に帰国した。

「いま一度、巨細《こさい》に攻究する必要がある」

という議が出た。主として政治警察一般、監獄、消防制度、警察予算のたて方、軍隊の憲兵と警察との関係など、いわば個別的に研究せねばならぬ必要が生じてきた。事が細かいために、当然ながら川路自身が行く必要がなく、専門別に人を立てて視察団を組めばよかった。が、結局、川路が宰領者になって渡仏した。

川路大警視の欧州洋行の留守中、安藤則命中警視が警視局長代理となった。西南戦争で川路大警視の九州出征中にも、警視局長代理を務めた川路の盟友である。

やがて、川路大警視から探索を依頼されていた桑野礼行天王寺区裁判所長から、藤田組元長崎支店長木村真三郎から得た証言について、佐藤権大警部へ連絡してきた。それは、「現行流布《るふ》している贋札は、明治九年中に、井上馨議官が欧州外遊中に独逸《ドイツ》で紙幣を刷り出し、日本へ密送し、藤田組においてこれを行使し、藤田組は盛大になった」というもので、桑野は証拠書類として木村に「実地録」を作成させ、これを佐藤と安藤中警視に提供してきた。

藤田組紙幣贋造について木村の証言を得るや、安藤中警視はいよいよ藤田伝三郎らを検挙して贋札事件を糾明し、かつ高官への賄賂商法も捜査することとし、別府権少警視を大阪出張長となし、永沢警視補、佐藤権大警部をはじめ警部巡査百余名を極秘密裡に大阪へ出張させた。明治十一年九月十五日早朝、藤田伝三郎、中野悟一ら藤田組幹部七名を検挙し、堺県南宗寺内に設けた東京警視出張所に拘留した。そして、藤田組本店を捜索するとともに関係銀行も厳重に点検して、山口県地租米上納に関する書類、岩手県尾去沢《おさるざわ》銅山に関する書類、接待簿、高官商法に関する書類などを押収した。

しかし、肝心の贋札製造の証拠となるべきものは、何らの物件も書類もなく、贋札一枚も発見し得なかった。

南宗寺内東京警視出張所で藤田組関係者への訊問が続く中、「東京曙新聞」が、藤田組の紙幣贋造の嫌疑とともに藤田伝三郎と井上馨外務卿の盟友関係などを報ずると、「東京日日新聞」は、藤田組贋札事件は単に臆断《おくだん》に過ぎず不可解である、と評論するなど各新聞も盛んに記事を掲載した。

藤田伝三郎らを堺の臨時東京警視出張所に拘禁したとの警視局の上申《じょうしん》を突然受けた伊藤内務卿と大木司法卿は、事件の真偽や警視局の処置に驚愕した。

三条太政大臣は岩倉右大臣へ書翰を寄せて、「藤田組一件に付き井上と伊藤あたりは警視局の処置に随分と不満を抱き、内閣の山口人も不平を抱き」と憂慮し、長州派が薩摩派へ不快感をもって摩擦が起きないよう、「内閣の薩摩人や松方大蔵大輔も十分に尽力するように」と要望した。

そこで、大木司法卿と松方大蔵大輔は安藤を説得して、薩摩閥の代表である黒田清隆参議とともに大阪へ出張させ、穏便に事件を処理させようとした。だが安藤は、「警視局は局外者と出張して、本獄を処理する理由なし」と拒絶した。

そこで政府は、十月六日に閣議を開き、「速やかに藤田らを東京へ引上げ、警視局第三課において公然検事・警察官立会い取り糺すべきこと」との大木司法卿と西郷従道陸軍卿の意見を採用し、その後の処置は大木司法卿に一任した。

大木司法卿は閣議に従い、即日警視局に対し、「藤田組の事たるや、贋造紙幣一件は警視局に於てこれを糺問処分すべし。他の犯罪は大阪検事に交付すべし。警視局の糺問を許さず」と達し、藤田らを東京に護送するよう命じた。藤田らは十九日に東京に着き、鍛治橋の警視局別監に拘禁された。

警視局における審問の係官には別府権少警視、永沢一等警視補ほか二人が命ぜられ、犬塚・今井両検事が立ち会うことになった。

ところが、藤田組疑獄をめぐる騒動の最中に、非常な意気込みで捜査命令を発していた川路大警視が病死した。

川路は、十二年二月に横浜を出航してから船中で発病し、パリに着いてからはホテルの部屋が病室となった。鮫島駐仏公使らの勧めで帰国療養しようと八月末にマルセーユを発ったが、船中で病状が悪化し、十月八日横浜に着き、五日後に没した。

2　大山巌第二代大警視就任　捜査方法をめぐり警視局内対立激化

首都警察は、明治四年東京府下を六大区に分割し、六人の邏卒総長を幹部として任命した。川路利良《としよし》、坂元純凞、国分友諒《ともあき》、安藤則命《のりみち》、田辺良顕《よしあき》、桑原護である。

明治五年に、坂元と川路が「警保助大警視」になり、安藤が続いた。田辺と国分は「専任の大警視」となり、桑原は退任した。

明治六年政変で西郷隆盛が下野したので、明治七年一月、坂元と国分たちは西郷の参議復帰を岩倉右大臣らに熱心に働きかけ、ついに警保寮の鹿児島県出身の警察官吏数百人とともに辞表を提出した。

坂元純凞、国分友諒が辞職してライバルがいなくなった川路は、新設の東京警視庁でトップの大警視となり、安藤が次席の中警視に就任していた。

大久保内務卿下の人事の流れからいくと、川路大警視が亡くなった後は、ナンバー2であり、かつ西南戦争で川路が別働第三旅団司令官として出征中や洋行中に大警視代理を二回も務めた安藤則命の大警視昇任が予想されるところであった。

だが、内務大輔兼大警視に就任したのは、これまで警察とは関係がなかった陸軍中将で参謀本部次長大山巌だった。前に述べたように大山には、川路の後任に二回も就任するという不思議な因縁があった。

今回は、薩派で固めた警視局が、長派の政商藤田組を摘発して長派の勢を殺《そ》ぎ、長派高官の更迭を狙っているとかの風評も出て、薩長間の不和・摩擦が憂慮されている中の就任となった。

大山大警視は安藤中警視へ、「藤田組一件は最初より貴官が担任してきたものであるから、よろしく貴官がこれを結了せよ」と一任した。

警視局での糾問が進む中、事件の処理方針について局内で意見の対立が出てきた。

綿貫権中警視、別府権少警視と永沢・萩・三橋警視補らは、木村真三郎の証言は架空虚妄なものとして木村を糾問しようとし、安藤中警視と佐藤権大警部は藤田伝三郎の身代資本を取り調べ、その暴富の理由と紙幣贋造の事実を調べ上げて有罪を立証しようとした。

十二月に入って、佐藤権大警部は大山大警視、安藤中警視へ、警視局課長会議を開催し、「藤田組の獄は憶測をもって無実とせず、詳しく糾問して真偽を明らかにすること。司法卿の達に、警視局の糾問は、贋造紙幣の件に止まり、その他のことは警視局の権限外なれば大阪検事局に交付すべしとあるが、その交付の不可なることを司法卿へ具申すること。未だ事件の曲直糾問中であるのに、検事の立会をなす理由がないこと。紙幣贋造の有無は未だ判明しないが、藤田組に関係した他の事件を審糾《しんきゅう》し、その邪正を糾明する必要があること」の是非を協議したいと建議した。

佐藤の請求で開かれた警視局課長会議では、綿貫権中警視が「木村真三郎は架空のことを告発して警視局の失策をつくりだした。よろしく之を刑に問うべし」と述べたのに対し、佐藤権大警部は「木村真三郎は小官の探偵に使っている者なれば、なんぞ探偵諜者《ちょうじゃ》を刑に問うことあらんや。真三郎が聞いた藤田組幹部の密談で、井上馨が欧州洋行中紙幣を刷り出したことなどあることで、事実無根のこととは言えない」と反論し、両者の議論があまりに激しくなったので大山大警視は会議を中止した。

警視局内の意見対立もあったが、藤田伝三郎らに対する審問も終わり、審問係官・権少警視別府景通は十二月二十日、取調書類と別府以下審問係官・立会検事連署の意見書を添えて、その結果を上申し、「藤田伝三郎、中野梧一、藤田辰之助などは全く無罪の者と見認候により、直ちに解放に及ぶべきものと相伺い候」と申し添えた。

ところが、安藤中警視はこの審問諸書類を大木司法卿に進達するにあたり、この審問諸書類をあいまい不当のものと批判し、次のような自己の意見書も上申した。

「藤田組は諸官吏と結託して不正の所業があることを聞知し、故川路大警視がその事実の有無を探索させていたもので、その実蹟があがっている。この審問では、緊要な藤田組の資産及び利益などに及ばずに審問の結案《けつあん》をなすに至った。しかし贋札事犯は未だ全く無いとは断じ得ないことであり、この贋札の事犯は何れにか潜在するものなれば、更にその探偵を厳にすべき御下命あらんことを企望す」と請願した。

この請願に対し、大木司法卿は黙殺した。さらに安藤中警視は十二月二十六日、三条太政大臣と岩倉右大臣に対し次のような建言を行った。

「紙幣偽造の証拠はあがらなかったが、先に川路大警視が京都で聞き、安藤が探偵した藤田組の商売上の政商結託と不正営業は明瞭にその証拠が備わっている。

これは、尋常の手続によれば、大阪裁判所の検事の手に付すべきであるが、事が地位の高い高官・顕官に係り、国家の重大事件である故、警視局に於て断然手を下したのは、手続としては正しくないが、目的が正道にかなっている権道に出たものである。

これを放任すれば、西南騒擾の二の舞はなくとも、清水谷の変の如き、国家治安上由々しき問題が起こらぬと保し難い。よろしく是非曲直を正して天下に示してもらいたい」

というものだったが、建言は不発に終わった。

そして、この十二月二十六日、藤田伝三郎他七名は無罪放免となった。

翌二十七日、安藤則命中警視は進退伺いを提出し、即日免官位記返上となった。佐藤志郎権大警部も同時に免官となった。

明治十三年一月七日、東京裁判所は、藤田組紙幣贋造の罪跡ありとその筋へ告発した木村真三郎へ、次のように懲役七十日の裁判宣告をした。


其方儀、桑野礼行及石原巌ヨリ藤田組紙幣贋造ノ探偵ヲ托セラルトテ、曾テ見聞セシ事件ニ付テハ一己ノ妄想ヲ以テ藤田伝三郎ハ紙幣偽造ノ犯跡明瞭ナル旨指称スルノミナラズ、附会ニ属スル探偵書ヲ殊更ニ実地録ト題シ差出ス科、不応為重ニ問ヒ、懲役七十日申付ル。


この藤田組贋札事件は、藤田組の巨富と、井上馨が造幣頭《ぞうへいのかみ》という貨幣鋳造局の局長をしたので紙幣について専門知識を有するのではということと、精巧な贋札なのでドイツなど作ったらしいが、井上がヨーロッパに滞在していたので藤田と共謀しての贋札に結び付けた勇み足の見込捜査だった。

他方、賄賂商法捜査は、押収した接待簿などで、明治十年中に諸官吏に贈った金額は一万二千余円と巨額にのぼっていて、長州派高官を訴追できそうだったが、大阪府警察部と大阪検事局管轄への越権捜査だったため、大阪検事局に移管を命じられて不発に終わった。

大久保政権下なら、井上馨と山県有朋らの頂上逮捕も可能であったろう。逮捕・投獄でなくとも、西南戦争中の陸奥《むつ》宗光《むねみつ》の政府転覆挙兵計画の捜査報告と電信書などの証拠を、大久保が机の奥深くしまっていたように、井上・山県の政商結託捜査証拠を握って、大久保政権へ服従させる手段として利用し、大久保独裁政権を強化することに役立てたであろう。やがて、川路利良は内務大臣に、安藤則命は警視総監に、そして警視庁川路人脈は我が世の春を謳歌することになったであろう。

だが、川路配下の薩摩人で固めた警視局による長州派高官への疑獄捜査に対し、三条太政大臣と岩倉右大臣が薩長間の不和・摩擦に発展しないよう新薩摩閥に働きかけ、また贋札事件の証拠は出てこず、警視局の越権捜査へ長州閥の反発を招くことになっていった。

3　大久保直系内務官僚の後退と亀裂

藤田組疑獄は、贋札事件は別として、長州系高官への賄賂商法については立件可能な案件のようで、内務省官僚たちの川路大警視への全面的なバックアップがあれば捜査の進展は可能だったであろう。

だが、次のような大久保系官僚の亀裂と後退があり、川路大警視派が孤立して疑獄捜査を行わねばならなかったことに敗退の一因もあるようである。

(1) 大久保内務卿警護責任をめぐる亀裂

明治十一年五月十四日、大久保利通内務卿が赤坂紀尾井坂で暗殺された後、衝撃を受けて悲しんだ大久保系官僚は、やりどころのない悲憤を、警視庁が警備を怠ったからだ、前にも岩倉右大臣が赤坂喰違坂《くいちがいざか》で襲われた前例もあったのに、沿道の警備をなぜしなかったのかと、川路大警視へ詰め寄り非難や抗議を行ったという。

特に、石川県令桐山純孝から「島田一郎らが上京するので厳戒すべし」との電信を受けて、石井邦猷《くにみち》権大書記官とともに警視庁に川路大警視を訪ねて、大久保内務卿護衛の必要を述べて要望した千坂高雅《ちさかたかまさ》大書記官は、川路が「その必要はない、加賀の腰抜けに何ができますか」と取り上げなかったので、異変後、「下手人は島田にして島田にあらず、警固を怠った川路である」とまで非難するなど、大久保系官僚の間に亀裂が生じた。

なおその後、参議・大臣の往来には警部巡査が護衛に従事するようになった。

(2) 大久保直系官僚の後退

大久保から絶大な知遇信任を受けていた部下として前島密内務少輔《しょうゆう》がいた。前島は駅逓《えきてい》局長としての業績から「郵便の父」として人物事典などには書かれている。

明治十年二月、西南戦争の報に接して大久保が京都へ向かう時、前島へ内務卿代理を命じた。そして、東北では庄内の動きに注意すること、川路大警視も西南に出発するから東京の警察には特に注意を払うことなどの指示を受けて、大久保不在中に内務省の省務一切を処理する大役を務めさせられた。さらに軍事的な業務として、新撰旅団への徴募巡査の募集も行った。『前島密後半生録』（市島謙吉記）は、このことについて次のように述べている。

翁が此巡査を募るに当って特に一考されたのは、西南薩摩に対する敵愾心を利用されることで、募集区を選ぶに主として東北、北陸の十年前薩摩の為めに惨憺たる憂き目を見た処を以てしたのであるが、これが実戦に際して大なる功を奏したのも、実に翁が臨機《りんき》の才略から生まれた結果と言ってよかろう。即ち彼等が戦地で勇敢なる働きをなし敵胆を寒からしめたということは、翁が一種の利用に依ることで、是等の機略は陸軍の圏外から起って実に大なる援助を為した。若し其功を現代的に論じたら金鵄勲章《きんしくんしょう》功一級にも当るであろうに、事が陸軍管轄外であったが為めに、当時之を前島少輔の功として知るものもなく、今は尚更誰とて此間の消息を伝え聞くものすらない。但し川路の如きは当時深く之を徳とし、事平らぐの後、度々翁に謝したという。

そして、紀尾井坂の変の後については、次のように記している。

然るに惜しいかな大久保内務卿遭難の事あり、これは国家の損害であったのみならず、翁に取っても容易ならぬ打撃であった。若し大久保公存生して翁の才能をますます発揮せしめたならば、更に一段国の為めに利益したばかりでなく、翁の一身の栄達も亦一層を加えたであろう。翁が十三年二月に内務大輔に任ぜられた如きも畢竟《ひつきよう》大久保公存命中に予め定めて置かれたことが実現されたものらしく、殆ど既成の事実の現われとも見るべきであったが、それすら長くは続かずして翌月駅逓総官となった。当時の裏面如何というに黒田清隆が薩長軋轢《あつれき》の上から之を喜ばなかった結果で、大久保公を失った以後の翁は薩閥の寵児《ちようじ》でなかったばかりでなく、寧ろ幾分睨《にら》まれていたものらしい。駅逓総官に移ったというのも、伊藤公の斡旋によったと思われる節もあり、それも翁限りの官であって、翁の如き地位の人には斯る特殊の地位を設けるのでなくては妄《みだ》りに之を動かし難かったであろう。（中略）十四年七月には勲三等に叙され、旭日中綬章を賜わったが、既に藩閥に喜ばれなかった翁は、幾分失意の境遇に立つと共に、情弊多き官界にはホト〴〵興をさまして居られた折も折、大隈侯が朝を退く機会に接し、翁も侯と共に決然として追懐多き官界から袂《たもと》を払った。翁が願によって本官を免ぜられ、遂に野に下ったのは明治十四年十一月八日であった。

大久保内務卿が、知遇信任する前島のために、生存中に決めたといわれる内務大輔《たいふ》（次官）

への人事も、明治十三年二月二十八日に就任するが、十三年三月二十五日には一カ月足らずで内務行政の中枢から駅逓総官へ異動となった。大久保腹心官僚への処遇だけに刮目《かつもく》すべきものがある。

ここで問題は、前島密がなぜ黒田清隆ら薩摩閥から睨まれたり、藩閥に喜ばれなかったかである。前島密は新潟上越の出身であり、伝記を書いた人も新潟の人のようなので、徴募巡査の募集区を選ぶのに、十年前に薩摩のために惨憺たる憂き目をみた東北・北陸を選び、敵愾心を利用したことは金鵄勲章的功績と述べている。

たしかに、十年前の戊辰戦争で賊軍として征討されたことからくる怨恨を利用された徴募巡査の新撰旅団や別働第三旅団が、「戊辰の復讐、戊辰の復讐」と叫んで薩軍に斬り込み戦果を上げていた。

ところで、この西南戦争で政府軍を統轄した陸軍卿山県有朋は、戊辰戦争の時、北陸道鎮撫総督兼会津征討総督参謀として長州軍を指揮していた。南方軍（衛背軍）総司令官・陸軍中将黒田清隆も、奥羽鎮撫使総督参謀や奥羽征討越後口参謀として薩摩軍の指揮官だった。「戊辰の復讐」は薩軍に向かっていたが、攻撃の対象は役職から言って山県と黒田へ向かっても不思議はなかった。

鹿児島突入を前に陸軍少将・別働第三旅団司令官の任を解かれた川路が、大久保に、「山県はじつにえこひいきをする」と不満・悪口を言ったといわれるのも、山県としては、「戊辰の怨恨」を利用する川路に薄気味悪さを感じていたのであろう。

さて、前島は、内務少輔兼駅逓局長や地租改正局出仕の仕事に携わっていた明治十二年頃、一時、ノイローゼにかかっていたといわれるのも、戦争の持つ憎悪の狂気が去った後、戊辰戦争の怨恨を利用した徴募巡査募集に対する薩摩・長州系高官の冷たい視線も影響したのであろう。

前島密が大久保内務卿の絶大な信任の下に最も腕を振るった時期の明治九年から十二年頃までの日記・記録などが、なぜか残されていないというのも、大久保没後の新薩長政権下では封印したい、微妙な事実が多かったのであろう。

その他の大久保系高官として、林友幸《ともゆき》内務少輔（次官級）がいた。林は長州出身で、明治四年大蔵少丞、六年大蔵大丞（局長）を務め、七年に大久保大蔵卿が内務卿に就任する時、一緒に内務省へ行き、内務大丞兼土木頭（土木局長）を経て、八年内務少輔となって大久保内務卿を補佐し、九年から十二年まで前島密内務少輔とともに内務省の中枢にいた。

林は、十三年二月に元老院議官という立法機関の役職に異動し、二十三年に貴族院議員になり、行政権に携わることはなかった。

千坂高雅《ちざかたかまさ》庶務局長（官房長）は反官軍の奥羽列藩同盟米沢藩の軍事総督だったりしたが、大久保から内務権少書記官に登用されたことに感激・尊敬して股肱《ここう》の臣となり、明治九年の三重・愛知・岐阜・茨城の地租反対農民闘争の大一揆《いっき》の際には、茨城県の農民一揆の鎮圧にもあたった。西南戦争では、少警視兼陸軍中佐として旧米沢藩士を率いて従軍した。

千坂は大久保への大変な尊敬心の持主で、大久保が暗殺された時、「下手人は島田にして島田にあらず、警備を怠った川路である」と叫んで悲憤慷慨した内務省中枢にいた人物である。

この千坂も、桐山石川県令辞任の後任として十二年三月石川県令、その後、岡山県令を十年間務めた後、実業界へ転出していった。

千坂の後任の庶務局長を務めた元福井藩士松平《まつだいら》正直《まさなお》も、大久保直系の官僚といわれたが、十一年七月から宮城県で、権令・県令・知事と十四年の長きにわたって在職し、二十四年熊本県知事に転じた後、二十九年九月、約二十年ぶりに内務省に戻り、内務次官を二回務めた。

石井邦猷内務権大書記官は、十三年二月に中警視・警視局の長代理に就任したが、安藤則命前中警視に攻撃されるなど内輪もめの後、十三年十月から内務省監獄局長に専任した後、十八年四月に三重県令へ、その後佐賀県知事を務めた後、二十二年に元老院議官となった。

内務大丞・内務大書記官を経て内務省取調局長の松田道之《みちゆき》も、十二年に東京府知事に転任していった。

このように、大久保直系官僚は、内務省主流から異動していった。

4　安藤前中警視派が石井新中警視を検事局へ告発

大山巌内務大輔兼大警視は、明治十三年二月に陸軍卿に就任するため退任した。警視局の長代理として、内務権大書記官の石井邦猷が中警視に任じられて就任した。

石井は大久保直系で、大久保が暗殺される前、桐山石川県令からの内務省へ厳戒すべしとの電報を知り、大変心配し、千坂大書記官と一緒に警視庁の川路大警視へ、大久保の警護の必要を述べに行った大分出身の忠臣でもあった。

石井中警視は、贋札事件をめぐりとかくの世評があることを憂慮し、木村真三郎へ金銭を与えて、藤田組贋札は事実無根のことだが、桑野礼行の教唆《きようさ》によって証言人となったものであると自首させ、贋札事件は事実無根であったと表明し、世論の沈静化を図ろうとした。

これには、捜査対象となっている井上馨外務卿の他、山県有朋参議、山田顕義《あきよし》工部卿ら長州派閣僚それに上司の伊藤博文内務卿も、この度の警視局の行為は政府の威権を損《そこ》ない、大臣の名誉を害し、紙幣の不信用を招いたと憤《いきどお》っているという背景があった。

さらに、薩長抗争を心配した三条太政大臣、岩倉右大臣の指示で、薩摩派の代表・黒田清隆参議や、財政上の影響を憂慮した松方正義大蔵大輔も、事件の収拾に努めていた。

大山大警視の後任として、石井警視局長代理は、警視局としても事件を収拾してケジメをつけたいということだったろうが、石井の収拾策は桑野や安藤、佐藤らの反撃で紛糾することになった。

佐藤元権大警部は、石井警視局長代理や永沢・萩両警視補らが、贋札事件について事実を曲げて藤田組をかばっているとして、上等裁判所検事局に告発した。また、安藤元中警視と佐藤は、反政府派に働きかけて藤田組の摘発を進めようとし、各参議や大臣に対して警視局を攻撃する建言書《けんげんしょ》を提出したりして、事件の紛糾・混乱は続いた。

この事件の紛糾・混乱について、明治十三年九月十九日、「東京横浜毎日新聞」と「朝野新聞」は、「参議が激論」と次のような記事を掲載した。

「去る十四日、内閣においてありたる議論は、いかなる事件かは知らねどもよほどの激論にてありしと見え、甲参議には痛く乙参議の一身上の排撃せられしより、乙参議には翌日より病いと称しその別荘に引き籠られたるにぞ、丙参議にはかねて同郷の交誼といい殊の外驚かれ、早速去る十六日午後三時頃より同所へ尋ねられ、ねんごろに気がふさいでいるのを慰められしに、乙参議には愁然として、もはや世において経営の望みもなければ、断然速やかに冠を挂《か》ける決心なりと語られしかば、丙参議にはますます驚かれ種々懇話せられしに、夜もいたく更けぬればば同夜は一泊せられたりと。その後はいかがなりしや。また前中警視安藤則命君には一昨日午後四時頃より石井中警視を訪われ、何かと秘密の閑談、時を移し深更に及びて帰られたりと」

甲参議は大隈重信、乙参議は井上馨、丙参議は伊藤博文として読んでみれば、状況が浮き彫りになる。

警視局の藤田組贋札疑獄をめぐって混乱の余波が続く中、十三年十月二十三日、第三代大警視に、近衛局幕僚参謀長・陸軍大佐樺山資紀《かばやますけのり》が就任し、石井邦猷中警視は警視局を去り、内務省監獄局長に就任した。

なお、藤田組はその後、鉱山業・農林業にも進出し、児島湾干拓事業を行ったりして、有数の財閥に成長した。藤田伝三郎は各種事業に関与する一方、大阪商法会議所会頭となり、五代友厚死後の大阪財界で指導的地位を占めた。

井上馨はその後、外務大臣、農商務大臣、内務大臣、首相臨時代理、大蔵大臣などを歴任した。明治三十四年伊藤内閣の後、組閣の大命を受けたが拝辞し、以後、元老として活躍した。また、三井財閥などの大顧問としての地位を背景に、財界最大の黒幕として強い影響力を持ち続けたといわれる。

元大審院検事の尾佐竹猛氏は、藤田組贋札事件について次のような見方をしている。

「藤田組の贋札事件は今でも、世人は往々井上馨と藤田伝三郎との共謀の様に信じて居るが、是れは全くの冤罪である、井上の素行の悪いのと藤田の暴富《ぼうふ》とに世人は容易に疑いの目を離さないのであるが、此事件は薩派が長派を遣付《やっつ》けん為の警察権濫用であった。藤田を叩けば長派の頭株《あたまかぶ》との悪因縁を発《あば》くに足るとの考えから惹起した処へ、幾多の有象無象が加わった為め騒ぎは愈々大きくなったので、一面民間の政府反対者は此挙に乗じて一挙に薩長両者を葬ろうとしたのであった。

薩派は其検挙に手を焼きたる上此民間の気勢に驚いたので、愈々事件は支離滅裂となった。遂には其跡始末に窮して当の川路大警視を毒殺したのだという風説迄、真実《まこと》しやかに伝わって居るが、之れも可哀相に川路は全くの病死であった。

当時は言論抑圧の時代であった為め、却って流言蜚語が勢を為して反政府党の宣伝は今猶国民の頭に残って居るのである」

四　藪をつついて大蛇を出した藤田組疑獄

1　長州閥、内務大臣・次官へ進出

藤田組疑獄事件の狙いは、一つは井上馨の贋札事件の摘発、二つ目は山県陸軍卿管轄の大阪鎮台、広島鎮台などへの軍服・軍靴・軍用品の納入をめぐる高官賄賂不正商法の摘発だった。

この事件は、紙幣贋造の妄想証言にとびつき、振りまわされて幕を閉じた。

だが、長州閥は、警察を川路大警視ら薩摩閥で固めた警視局に握られていること、そして必要があれば、大阪府警察部と大阪検事局の所轄事件であっても、逮捕・捜索の実力行使をやるという警視局に、畏怖と警戒感を持ったのであろう。

特に川路大警視から軍用品納入疑惑でマークされ危機感を持ったのか、山県有朋陸軍卿が陸

軍卿ポストを西郷従道、大山巌、高島鞆之助ら薩摩閥に明け渡し、内務省掌握に乗り出してきた。

川路大警視、安藤中警視と系列の警察官僚には、藪をつついて大蛇を出すような結果になってしまった。

大久保利通がヨーロッパ外遊で一番感銘を受けたのは、プロシヤの鉄血宰相ビスマルクの独裁専制主義と、パリ・コンミューンを徹底的に弾圧したフランス大統領ティエールの、内乱はいくら起こっても驚くにあたらず、各個撃破で徹底的に叩き潰し、賊徒を殺していけばよい、という内乱対策だったといわれている。

いかに感服したかは、謁見後、パリから西郷・吉井に宛てた手紙で、「大統領ティエールなる者さすがに豪傑の由、一旦人心四分五裂（略）一々叩きつけ、今日に相なり候ては、十分圧伏いたされ、（略）以てその人物をご承知下さるべく候」と書いている。

帰国後、明治六年の政変で西郷留守内閣を倒して大久保政権を樹立し、内務省を創設し、川路利良を長に強力な警察組織を作り上げた。西南戦争では、平均すると九千五百名（臨時徴募巡査を加え最大時一万四千名）の警視局隊を、別働第三旅団、新撰旅団として出動させている。

新興国家では、陸軍の他に警察軍があったり、治安部隊が存在するのを見聞するが、大久保政権下の川路警視庁は、このような機能と組織を持つ強大な警察だったようである。

内務省掌握へ乗り出した山県有朋は、組織・人事など軍政については抜群の才能の持主で、陸軍省で明治三年から十一年まで軍政に携わり、長州の陸軍とまで呼ばれる陸軍を作りあげた。山県は子分の面倒はよく見たが、反対派と見ると徹底して追い落とすことに全力を傾けたといわれる。内務省でも、品川弥二郎、芳川顕正《よしかわあきまさ》、白根専一《しらねせんいち》、野村靖《やすし》、清浦奎吾《けいご》、大浦兼武《かねたけ》、平田東助《とうすけ》など自派系列を警保局長や内務次官そして内務大臣に就任させ、内務省に山県閥を張りめぐらしたといわれる。そして性格的には、独裁権力者にみられる猜疑心と用心深さ、極度の警戒心の持主だったといわれる。

川路大警視の山県参議への藤田組疑獄捜査という権力闘争が熾烈だったにせよ、川路派と見なされた警視局幹部の薩摩人たちが、十余年にわたって内務省警保局長と警視総監という警察の最高ポストに登用されなかったのは、山県内相・首相の持つ、かつての反対勢力への猜疑心と極度の警戒心、そして山県内相と川路大警視とが不倶戴天《ふぐたいてん》の政敵だったことも影響したのであろう。

山県は、山県陸軍の改革を主張した谷干城と三浦梧楼を予備役に編入、さらに将来も陸軍大臣に就任できないよう「軍部大臣現役制」を制度化したほどの用心深い権力者で、山県から反対勢力と見なされたら災難であった。

明治二十年頃、三島通庸《みちつね》警視総監が蛮勇を振るって奏任官《そうにんかん》以下部課長を含め二百数十人の古手警察官（古手といっても明治四年邏卒制度から十五年）の一挙免官を断行したのも、山県内相の猜疑心から、かつての反対勢力への徹底した追い落としと、警察制度をフランス方式からドイツ方式へ改革することとし、旧制度下の警察幹部は不要であるとの一掃人事であろう。

　山県ら長州閥は、明治十三年に、大久保系の内務少輔・前島密と林友幸を更迭《こうてつ》し、後任に品川弥二郎を昇任させた。品川弥二郎は吉田松陰に学び、文久二（一八六二）年に有馬新七たちの同志として寺田屋事変にも関係した。薩長連合の前、木戸孝允が小松帯刀、西郷隆盛と初めて会見することになった際、薩摩の実情を知るため品川も同席したが、その時のことを次のように語っている。

「木戸は、文久三年、薩摩藩と会津藩が結託して突然長州藩を京都から追放した『八月十八日政変』から、一年後、長州軍が朝敵にされた『禁門の変』など薩長の関係を詳細に述べた。この木戸の演説は、薩摩方に対して十分突っこんだところがあった。然るに西郷は、『いかにもごもっともでごわす』と言ったまま、外に一言も言わなかった。さすが西郷は大きな人物である」

山県有朋（国立国会図書館蔵）

　品川は五年ほど仏・独・英に滞在し、明治九年帰国して内務省に入り、内務大書記官を務めていた。そして十三年と十四年、内務少輔を務めた。なお品川は山県と縁戚で、のち山県派の巨頭ともいわれた。内務大臣は、十三年に伊藤博文が参議専任となり、後任に松方正義が就任し、十四年まで務めた。

　この人事は政権内の権力闘争の結果で、伊藤は大蔵卿に松方大蔵大輔の昇任を望んだが、大隈重信が反対して佐野常民元老院議官を推したので、松方を内務卿に就任させたということのようである。

　従って明治十四年の政変で、大隈一派を政権から追放すると、財政経済通の松方は大蔵卿へ転出し、松方財政と呼ばれるほど大蔵卿（大臣）を長く務めている。

　そして明治十五年からは、内務大臣（卿）と次官（大輔・少輔）を長州閥が完全掌握する時代に入る。山田顕義《あきよし》内務卿、土方久元《ひじかたひさもと》大輔、芳川顕正《よしかわあきまさ》少輔という体制である。

　山田は軍人として陸軍中将に進んだ。明治七年八月、台湾征討に反対して木戸が参議を辞職した時、三浦梧楼、鳥尾小弥太とともに辞表を提出したが、聴許《ちょうきょ》されなかった。司法大輔を務めるなど文官色を強めていき、内務卿を二年務めた後は、司法卿、司法大臣などを務めている。長州三尊の次に位置する第四の実力者であった。

　土方久元は土佐藩士であるが、京で三条実美の側近となり、尊攘派公家の七卿落ちへ随行して長州へ行き、長州との関係を深めた。長州派であるとともに宮中保守派で、のち宮内大臣や宮中顧問官などを務めた。

　芳川顕正は徳島の出身だが、伊藤博文の推挙で大蔵省に入って長州閥に連なった。山県有朋が明治十六年内務卿に就任し、二十三年まで八年近く内務大臣を務めるが、芳川もその下で次官を務め、山県系官僚政治家と呼ばれるようになっている。

2　山県有朋が内相・首相・元老として警察を掌握

(1) 川路大警視後十二年間、警視庁幹部が総監に登用されず

大久保が創設して政権基盤とした内務省は、地方・警察・土木・衛生・社会福祉・殖産興業までも所管する内政省であった。

明治七年から四年間内務卿を務めた大久保が十一年五月急死後、長州の伊藤博文が一年九カ月、薩摩の松方正義が一年九カ月、長州の山田顕義が二年、明治十六年から二十三年まで八年近くは山県有朋が務めている。

明治十一年から三十四年まで、薩摩は松方正義、樺山資紀、西郷従道たちで六年半、土佐の板垣退助を合算しても七年であり、長州閥が十六年間も内務大臣を務めてきた。

その後も、芳川顕正、清浦奎吾《きようらけいご》、平田東助《とうすけ》という山県系官僚政治家が内務大臣に就任している。

内務卿・大臣を補佐して省務を処理する内務大輔・少輔・次官には、十二・十三年には大久保を補佐した林友幸と前島密がいたが、伊藤内務卿任命の大山巖と品川弥二郎が入り、十四年から長州派の土方久元と山県系の品川弥二郎、十五年から十八年までは土方久元と山県直系の芳川顕正、十九年から二十三年までは芳川顕正、二十三年五月から二十五年は山県直系の白根《しらね》

専一《せんいち》が就任しており、二十七年までは、次官ポストは山県系が掌握している。

そして三十九年からは、帝国大学法学部卒と高等試験合格の吉原三郎、一木喜徳郎《いちききとくろう》、床次竹二郎《とこなみたけじろう》らと続いている。なお、床次竹二郎は鹿児島市の出身で、原敬の知遇を受けて内務次官、内務大臣に就任している。

全国の警察行政を担当する警保局長と、帝都の治安維持に任ずる警視総監の人事は、どの内閣でも重要視され、内閣と命運をともにする政務官的性格を持ってきたといわれるが、その人事決定権を持つ内務大臣と内務次官には、大久保急死後は長州派、特に山県系が占めるようになったことを見てきた。

その内務省主要人事で、警察行政のプロである警視庁幹部は、二十四年まで十二年間にわたって一人も総監に登用されていない。どの内閣でも、警保局長と警視総監の人事は重要視され、内閣と命運をともにする政務官的性格を帯びたということは、内閣と警保局長・警視総監との相互の間に強い信頼関係が必要だったということである。

職務能力からは適材のはずの警視庁育ちが、内閣から信用・信任を得られなかった謎は、十一・十二年に川路大警視・安藤中警視下の警視局が、井上馨、山県有朋を捜査標的とした藤田組疑獄事件にあるようなので、今一度振り返って見てみよう。

この藤田組疑獄事件について、長州派内では、薩長の不和・摩擦が原因で、大久保没後長州派が台頭し、伊藤・山県・井上らが盛んに活躍してきたので、この勢いを削ぐために、長州派の政商と目されている藤田組の不正をあばき、長州派の罪悪を暴露しようとして検挙に及んだものと受けとめた。

警視局は薩派をもって固めており、この事件の糾断は川路大警視の意図に出で、安藤中警視らはそれを遵奉して藤田組の摘発に極力努めたことは明らかである、との見方をしていたようである。

世評としても、この事件は、薩摩派が長州派を陥れるために、長州派の政商として知られている藤田組に口火を切ったものであるとか、内閣更迭の勢いがあり、某参議が隠退の念のあるのはその更迭の手がかりと見做《みな》すべき、とかの憶測がなされていた。

長州出身の高官たちは団結して三条太政大臣に対し、警視当局者は越権にも大阪府下に乗り込み、何らの許可手続を経ずに検挙をあえてした不当に抗議したという話もあった。

やがて贋札事件については、藤田組や井上参議とを関連づける証拠は出てこず、三条太政大臣と岩倉右大臣が新薩摩閥に働きかけて、長州閥との協力が確認されると、長州閥閣僚の警視局に対する発言は次のように強硬になってきた。

「この節警視局の挙動は実に政府を蔑如《べつじよ》し、国民を蔑視し、殆ど国中警視局があるばかりだという我が物顔の行為で、その影響するところは、政府の威権を損じ、大臣の名誉を害し、紙幣の不信用をきたした。政府は、管轄越権のような区々たる問題としてでなく、今やこの事件から招来された施政の妨害・国家損失の問題として、警視局の安藤等の処分をいかにすべきかを考慮するに至った」

長州閥閣僚らのこのような憤慨が、山県内相での長期政権下、川路系で固めたと見なされた警視庁幹部に対する人事冬の時代となっていったのであろう。

第二代大警視大山巌、第三代大警視樺山資紀についてはすでに述べたが、その後、大迫貞清、三島通庸《みちつね》、折田平内《へいない》が就任するがすべて鹿児島城下士で、かつ警視庁と関係のなかった県令などである。

二十四年になって、ようやく警視庁育ちで鹿児島市西田出身の園田安賢《やすかた》が、松方正義内閣で品川弥二郎内務大臣の下、警視総監に就任する。園田は、樺山警視総監の下、二等警視兼内務書記官を務め、十九年警視庁第三局長、二十二年副総監と警視庁で登ってきた。園田は薩摩派だが、実際は山県派に近いといわれている。

三十一年一月に、伊藤博文内閣の芳川顕正内務大臣の下で再び総監に就任するが、六月に初めての政党内閣である大隈内閣ができた時、署長会議で政党内閣批判をぶって懲戒免官となった。十一月に山県有朋内閣が発足すると、北海道長官に就任している。

品川弥二郎、芳川顕正という山県直系の内務大臣から任命され、懲戒免官になった後に、山県内閣で北海道長官へ拾い上げてもらったところを見ると山県派であろう。

三十一年十一月、警視庁育ちの大浦謙武が、山県内閣で西郷従道内務大臣から任命される。

大浦は徴集隊出身であり、樺山大警視の人事で十五年大阪府警部長になり、二十一年山県に認められて内務省警保局次長となった。以後、〝山県幕下〟とか、〝大浦の背後に山県あり〟とかいわれるようになり、三十一年山県内閣で警視総監、山県直系の桂太郎内閣でも就任し、四年三カ月務めた。その後も、山県系官僚政治家として逓信大臣、農商務大臣を務めた。

大正三年十二月、衆議院は「二箇師団増設案」を否決したので解散になった。

大正四年一月、大浦は農商務大臣から内務大臣になった。

陸軍は、山県が育て上げた陸軍でもある。大浦は、内閣のため、そして山県のためと思ってか、「二箇師団増設案」を成立させるため、衆議院野党議員に金を配った。この金の配分をめぐって仲間割れが生じて事件が発覚した。

そして大正四年七月二十三日に、大浦の議員買収・贈賄罪をめぐって、尾崎行雄司法大臣と平沼騏一郎検事総長との重要会談が行われ、事態が緊迫する中で行われた七月二十九日の閣議で、大浦は内務大臣を辞任し、政官界から去っていった。

〝鬼県令・鬼総監〟という名で有名な警視総監に三島通庸がいる。

明治十八年十二月就任の三島通庸は薩摩人ではあるが、山県による適材登用人事であった。

明治十九年第一次伊藤博文内閣の外相井上馨は、内地雑居・領事裁判権三年間存続などの条約改正案を提示したが、自由民権運動家を中心に屈辱外交であると反対運動が展開され、片岡健吉らは、言論の自由・地租軽減・外交の回復を内容とする三大事件建白を元老院に提出した。そして、星亨、尾崎行雄らの指導で闘争は拡大していった。

山県内務大臣は保安条例を制定し、施行の機会をうかがっていた。

その実施に当たる警視総監の適材として、福島県令時代に、福島事件で集合した農民数千人を抜刀警官で追い払わせ、反対運動の河野広中県会議長ら自由党員と農民二千人を検挙・弾圧して鬼県令といわれた三島に着目し、起用した。

三島は土木工事に熱心で、明治十五年、福島県令に着任すると会津三方道路建設に着手し、会津六郡の男女青壮年に工事夫役または工事夫役金を課し、強制した。

これに対し福島県会は、河野広中《こうのひろなか》議長を先頭に議案全件否決で対抗するなど対立は激化し、三島は、河野ら自由党首脳を政府転覆の内乱陰謀があったとして投獄し、福島自由党は壊滅した。

河野広中が福島事件で捕縛された時の状況の日記を、後日『中央公論』が転載した。編集者が「我々は其頃のことを読む時、其れが此の日本で起った事実であるとは信ずることが出来ず、どうしてもシベリアあたりで起ったはなしであるかの様に心に感ぜざるを得ないのである」と述べて「日本に於けるシベリアの牢獄記」と名付けているように、三島は鬼県令の異名に恥じないようである。

その自記は「想い起すだに憤激の血が満身にほてる心地がする」との書出しに始まり、「護送の途中は犬畜生扱いで打つ蹴るは当然である。腕が折れ肉が裂けん許《ばか》り強い乱暴な縄の掛け方をされ、大雪の中を袷二枚で雨具もない上に両手は後に縛られ馬にゆられて行ったので、見る〳〵両の膝に雪は積り衣服は凍りつき動く度に音がする。それから獄舎《ごくや》へ送られて縄の跡が腐り苦しんだ挙句に両足の爪は悉く剝離した」というような悲惨な状況が書かれている。

後年河野は、日比谷焼打事件で被告となった時、警察も監獄も進んだものだと感嘆したという。

政敵福島県令三島通庸は「自由党と泥坊は一疋も置かぬ」と豪語した人物だったが、「此大獄を起した為め却て民権思想の勃興を来たし」、河野の伝記には「君は実に我国人の救世主なり」と逆説的な偉人に祭り上げている。

なお、河野広中は、後年衆議院議長や農商務大臣を務めた。

山県有朋内相、三島警視総監は、明治二十年十二月二十五日、突如保安条例を公布し即日施行した。

三島警視総監は山県内務大臣に激励されながら、警視庁警察官を総動員して自由民権運動の反政府派三千人を検挙、星亨、尾崎行雄、中江兆民ら五百七十人に、皇居外三里の地への退去を命じ、三年以内に再び入ることを禁じた。

「どうして東京から三年間も出て行かなければならないのか」と抵抗した片岡健吉らは禁錮刑に処せられた。

このようにして三島は山県の期待に応え、勇名と悪名を天下に轟かせた。


明治十六年頃から三十年代前半までの警視総監について、「表面的には、薩摩派、黒田派、松方派といわれたりするが、実際は山県派か、山県に近い者が多い」という批評は的を射ているようである。

(2) 内務省警保局長に清浦圭吾、小松原英太郎起用で大改革

明治十四年一月、樺山大警視の警視局改編で、全国警察行政の総元締ともいわれる警保局が再設置された。

明治十年頃の警視庁幹部の中で、警視総監と並ぶ警保局長の要職に就任した唯一人の人物が田辺良顕《よしあき》である。

田辺は福井藩士で、明治四年二月に藩の常備兵百五十名を率いて上京し、東京府下六大区の六人の邏卒総長の一人となった。明治十年一月には少警視、十二年に権中警視、巡査総長となった。福井藩士出身なので、川路・安藤派ではないと見なされたのか、内務権大書記官を経て警保局長に就任し、四カ月在任した。その後、高知県令、元老院議官となった。

その後、長州派で山口県大属から十二年に内務権少書記官、権大書記官となった勝間田稔《かつまたみのる》が、十四年十月に長州派の山田顕義内務卿の下で就任し、一年五カ月在任した。

十七年二月には、熊本出身の清浦圭吾が就任する。

清浦は、検事、司法省・内務省の書記官などを歴任した後、十七年から二十四年まで七年間も山県内務大臣の下で警保局長を務め、保安条例の制定、警察制度・監獄制度の改革を行った。清浦は、平田東助、大浦兼武、白根専助とともに山県系官僚政治家四天王とも称され、三たび司法大臣を務め、農商務大臣、枢密院議長を歴任し、清浦内閣も組閣した。

警保局長就任について、清浦は次のように述べている。

「その頃の警察官は、薩摩出身者が多かったのであります。勿論これは大警視川路氏を初として、要部は薩摩出身者で占めて居った。一時は警視庁のみならず、全国の警察官が殆ど薩摩出身のような有様で、その当時の噂に芋の蔓を日本国中に張廻ったと言われたほどであって、他府県から出身の警部、巡査なども各々薩摩弁を真似なければ何だか斯う景気が好くないような有様で、『こらこらッ』とでも云うような風にやりつけて居ったのであります。どうもその気分も、薩摩隼人の如き荒々しいことが行われた。（略）その頃の警保局長は、長州出身の勝間田稔と云う人であったのでありますが、なかなか事務的才幹に秀でて居られました。しかし所謂学者的役人風の人で、前に申したように薩摩隼人風の警察官が、全国にはびこって居る際に、その頭目たるべき地位、即ち警保局長としては、やや押しのきかぬような風もありましたし、且つ又、その頃は今日からは想像も及ばぬような薩長の間には種々なる事情の阻隔したこともあったのであります。勝間田氏が警保局長として、全国の警察官を指揮する役目に当って居ることはすこぶる困難な事情があったのであります。そこでその後を承け継ぎまして、私が警保局長に任ぜられたのであります」(『清浦伯爵警察回顧録』)

それと、山県内相は警察制度の改革を計画していた。まず、警察にも警視、警部、警部補を教育するために警官練習所を設け、また巡査部長や巡査を教育するために巡査教習所を設けた。教師は、長くベルリンの警視庁に奉職して方面監督を務めたウィルヘルム・ヘーンが警官練習所を担当し、同じく警部であったエミール・フィガセウスキーが巡査教習所を担当し、法律講義は帝大教授と司法官吏の中から適任者を充てた。

川路大警視がパリ警視庁を範とし、フランス人グローズを顧問とし、フランス警察制度を研究させたのから大転回である。

二十四年四月には小松原英太郎が就任する。小松原は、私学校の盟友でもある「評論新聞」の編集長として、九年一月同紙上に「圧制政府転覆すべきの論」を掲載した。これは真正面から大久保政権を批評し、転覆すべき理由を理路整然と述べた論文だったので、禁獄二年に処せられた。

小松原は十一年六月出獄後、郷里岡山に帰り、「山陽新報」の編集長となる。十三年、井上馨外務卿にも勧められて外務省に入り、十七年ドイツ公使館在任中に地方自治制と内務行政を研究し、帰国後山県有朋の下で地方自治制制定や警察制度改革に参画した。埼玉県知事の後、警保局長を一年四カ月務め、静岡、長崎県知事を歴任、第二次山県内閣で司法次官、内務次官を歴任し、第二次桂内閣で文部大臣を務めた。

内務省の近代的装備の創始者といわれる山県有朋内相の警察大改革を推進した警保局長。左＝清浦圭吾（国立国会図書館蔵）。熊本出身。警保局長７年（最長在任），司法次官，法相，内相，首相。右＝小松原英太郎（拓殖大学蔵）。岡山出身。「評論新聞」編集長，ドイツ公使館在任，警保局長，司法次官，内務次官，文相，拓殖大学学長

小松原英太郎が編集長をした東京集思社の「評論新聞」は、鹿児島の海老原穆《えびはらぼく》が明治八年三月に創刊した政治評論誌だが、海老原は大の西郷好きで、反面大久保を奸悪《かんあく》の徒であるとして、大久保政府へ攻撃的論陣を張っていた。執筆者として福沢諭吉、栗本鋤雲、成島柳北といった一流の論客が寄稿していた。

海老原の父海老原宗之丞が、薩摩藩財政改革の立役者として有名な調所笑左衛門《ずしょしょうざえもん》の腹心であった縁で、左大臣島津久光を後楯にして政府から弾圧や妨害を受けぬようにしていた。

「評論新聞」は東京における私学校の盟友的評論機関として、薩摩の主張を代弁するとともに、政府の情報や状勢を探って鹿児島に伝えていた。飛脚船

が東京の新聞・雑誌を積んで鹿児島に着くと、私学校生徒は争って「評論新聞」を読み、その論調に昂奮《こうふん》したといわれる。

その「評論新聞」の中でも、大久保政府を圧政政府として転覆すべき論を書いて、二年間投獄されていた小松原英太郎を、井上馨外相は外務省に採用した。

小松原は本省からドイツ大使館に勤務して内務行政を調査し、帰国して山県内務大臣秘書官兼参事官となり、地方制度改革や警察制度改革に携わり、内務省警保局長に就任した。

川路警視庁から逮捕投獄された小松原を全国警察の総指揮官にしたことは、山県の警察大改革の方向と徹底性を表している。

小松原は、ドイツ法研究会に参加するなどドイツ法重視にも尽力している。

五　大警視三代

明治七年一月に内務省と警視庁が創立されてから明治十四年一月まで、警察トップの官職は大警視であった。そして、初代川路利良、第二代大山巌、第三代樺山資紀といずれも薩摩人である。

同じ薩摩派といっても、川路は強烈な反長州・反大西郷で、大山と樺山は熱心な薩長連携で親大西郷であった。

人脈としては、川路にとって大久保利通だけが絶対的な上司であった。一方、大山と樺山は、新薩摩閥といわれる黒田清隆、西郷従道、大山巌、松方正義、川村純義、樺山資紀の中で、西郷・大山・樺山とは特に親しい関係で、樺山の大警視就任は西郷と大山が熱心に説得して実現させたという。

さらに、大西郷尊敬者という点から「薩の海軍」ともいわれた海軍のトップ川村純義海軍卿を加えて新薩摩閥の中核を形成していた。

そして大山と樺山は反川路でもあり、複雑な政治的人間関係となっている。

明治初期の警察を担当した大警視三代について焦点を当てて述べてみたい。

1　初代大警視川路利良

(1)　毀誉褒貶から顕彰へ

川路利良は毀誉褒貶《きよほうへん》の甚だしい人物といわれる。

『郷土人系』（南日本新聞社編）にも次のような記述がある。

「昭和のはじめ、川路の郷里比志島に誕生碑をつくることになった。地元の有志は東郷平八郎に碑文を書いてくれと頼みにいった。東郷は言下にそれを断った。『西郷どんを裏切った男の碑文は書くことはできもはん』。このあと大久保の息子牧野《まきの》伸顕《のぶあき》のところにまわってくると伸顕は喜んで書いて『えらい男だった。警察の父だ』といった」

たしかに、賞賛と非難の落差の甚だしい人物のようである。

東郷平八郎は日露戦争で連合艦隊司令長官として、日本海海戦においてロシアのバルチック艦隊を敵前回頭戦法で撃破して世界を驚かせた海の名将で、フィンランドには「トーゴービール」まで出現し、イギリスの提督で、フランス、スペイン連合艦隊をトラファルガー沖海戦で撃滅してナポレオンのイギリス上陸を阻止したネルソンと並び称され、「東洋のネルソン」とも呼ばれた。

牧野伸顕は大久保利通の二男で、伊藤博文の知遇を得て、イタリア、オーストリア公使を経て文相、外相、宮相、内大臣などを歴任した。

川路が初代大警視として最も活躍したのは、明治七年一月に警視庁が創設されてから、大久保内務卿が紀尾井坂で暗殺される明治十一年五月までの五年間だった。

この時代は、参加者十万から三十万ともいわれる筑前竹槍一揆や、茨城県で起こり、逮捕者だけで五万人以上だったという三重県から愛知・岐阜・和歌山各県などに波及し、地租三％を二・五％に減額させ「竹槍でドンと突出す二分五厘」とうたわれたような農民大一揆が各地で続発していた。

それと、廃藩置県で俸禄《ほうろく》を失った不満と、その救済策として家禄を給与していたが、これも公債証書の一時支給に代えたので収入源を絶たれることへの不満、そして廃刀令などで政府への不満から士族の反乱も続発していた。

これらの農民一揆や士族反乱を、武装巡査隊で鎮圧して大久保政権を支えていた。

また、川路警察の特色として多くの本に取り上げられているのが、フランス革命からナポレオン帝政時代の混乱した政治状況の下で、政変の都度権力側へ立った警察大臣として密偵警察の諜報・謀略で反政府派を弾圧し、十年余治安担当のトップの地位にあったフランスの警察大臣ジョゼフ・フーシェを尊敬し、反政府勢力へ多くの密偵を使った高等警察情報網である。

川路はこの秘密警察について、「秘密警察の分野は、自由政府の国に狭くして、専制政府の国に大なり」と述べ、自由政府の下では言論の自由があるので情報が集められるが、専制政府の下では言論の自由は法律で規制されるので、人々は思っていることを率直に公《おおやけ》にしないので、密偵を使って情報を集める必要があるとの明快な卓見を述べている。

大久保政権は有司専制政府であり言論弾圧を厳しくやっていたので、密偵警察網は「政権維持」のために必要であり、「政権維持」の機能からは、川路は卓越した治安警察長官だったように思われる。

司馬遼太郎は「文明教と警察国家」という対談で、川路について次のように述べている。

「川路はジョゼフ・フーシェこそ警察の聖であると思っていますね。つまりジョゼフ・フーシェのつくったパリ警視庁というもの、これは川路にとって国家だったんです。（略）パリで三千人のポリスが日夜徘徊《はいかい》して、困った人があればなんとかしてやり、道がわからない人があれば教えてやったりして、人民を愛護しているわけ、その愛護の目的は何かといったら、人民の権利を保護するためなんですね。

このへんまでの認識では、川路はそうとう正当なんですよ。そのあげくに彼は大変な警察国家を目指すわけですけど、そのための敵が自分の郷党なんですな。しかも、それをぶっ潰すために彼ほど情熱的だった人はないですね。西南戦争では、もう異常な情熱で、気ちがいじゃないかと思うくらいですね。これはまさに文明教の狂信者なんですな」

それと、川路と私学校との間には、明治六年政変で大西郷が下野した時からの対立感情があった。大西郷に目をかけられ恩顧《おんこ》を受けて出世した点では、桐野利秋と並んで川路利良といわれていた。従って大西郷の恩顧を人一倍受けた関係から、川路も大西郷を慕って下野するだろうと皆が信じていたといわれる。

ところが下野せず、「大警視」に任じられて大久保の腹心となったことに、下野グループから、「西郷先生の恩義を忘れて、変わり身の早い忘恩の徒」と非難され、川路も敵対心を燃やし、不《ふ》倶戴天《ぐたいてん》の関係になっていったようである。

それにしても、大西郷までも監視下においているのには驚かされる。大西郷が鹿児島で詠んだ「闕《けつ》を辞す」という漢詩が自宅の机の上に置かれていたのに、それが書き写されて報告されていたといわれる。

また、明治八年に鹿児島を訪問していた元庄内藩士が帰郷する際、大西郷は、知己の元庄内藩重臣で前酒田県権大参事菅実秀《すげさねひで》への次のような伝言を託している。

「政府から嫌疑を受けている身なので、今はさしひかえているが、機会を見て弟の墓参かたがた、ぜひ庄内を訪問したいということと、手紙をあげることも、ご迷惑をかけてはならないと思って、さしひかえているから、くれぐれも菅殿によろしく」

維新の元勲であり、唯一人の陸軍大将である大西郷まで厳しい監視下におく川路大警視の高等密偵警察は、フランス革命後の混沌とした時代に、密偵警察を駆使して政変の都度、反政府派となった昨日の上司・同僚を粛清してきたことで有名なジョゼフ・フーシェを信奉していることの影響なのであろう。

菅実秀と西郷隆盛の「徳の交わり」像（鹿児島市武，西郷屋敷跡）

そして、全国の反政府派とその動向については、詳細に掌握して鎮圧してきたといわれ、高等密偵警察について卓越した能力と手腕を持った警察長官だったようである。
川路が恩義のある大西郷を捨てて大久保の方へ行ったのは、大久保は統制主義者、西郷は統制嫌いで徳の道志向という点からも、大久保の専制政治の方に川路も共感を覚え、手腕を発揮できると選んだのであろう。そして大久保も川路へ絶大な信頼と擁護《ようご》をしている。
司馬遼太郎は西南戦争中の事例で次のように述べている。

川路利良が、戦いの途中、病気という理由によって戦場から去ったことは、すでにふれた。七月一日、船で鹿児島を発ち、同三日神戸着、神戸から鉄道で大阪へ出、同日の夕刻、京都駅についた。（略）

川路は駅長に案内されて階段をのぼり、貴賓室に入ると、そこに三条実美、大久保利通、伊藤博文らが待っていた。かれらは、川路を出迎えたのである。

私学校生徒を暴発へ跳躍させたのは川路が刺客を送ったからである。大久保はその陰謀の共犯者である。と、勝海舟が戦役中にアーネスト・サトウに断言したように、世上、川路をうさんくさい目で見る者が多い。

さらに川路は、一個旅団をひきいて熊本から鹿児島へ入りながら、病のためという表むきの理由をもってその職を解かれた。同じ政府側の薩人である大山巌の献言によるものだけに、川路という男の立場は微妙といっていい。大山にすれば、薩人の憎悪のまとである川路が軍服を着、一個旅団をひきいて薩摩に入ることは薩人の敵愾心《てきがいしん》をいっそうに煽《あお》るために政戦略の上からみて穏当でない、ということであったが、大山自身、感情の奥底では川路を憎んでいたかもしれなかった。

大久保はそういう川路を、徹底してかばおうとしていたかのようであった。解職された一介の旅団長に対し、わざわざ太政大臣三条実美を誘い、ともに京都駅頭に出迎えるというのは、まことに厚遇といっていい。
大久保はおそらく川路が悪評や妄評《もうひょう》のまとになると予感し、手厚く駅頭に迎えることによって、川路への信頼をすてていない、と、他に対して示す一方、川路自身に対しても、行動をもってそれを示したかと思われる。

川路が「警察の父」と呼ばれるようになったのは、大正元（一九一二）年十二月発刊、鈴木蘆堂（高重）の著作『大警視川路利良君伝　全』に始まるようである。その趣旨は、川路を長とした調査団の団員で警保局長になった小野田元凞が次のように述べている。

跋

棺を蓋うて世評定まる生きては毀誉褒貶の中に節を貫き死しては銅像となりて万人の渇仰する所となる大警視も亦偉人なる哉今や其伝記は刊行されたり功績更に光彩の陸離たるを加えへん乎過去を想ひ現在を顧みて万感縷の如し蕪辞を列ねて跋となす

大正元年十一月

小野田元凞識

小野田も書いているように、川路に対しては毀誉褒貶が激しかったようである。

川路利良（加来耕三『大警視川路利良』〔出版芸術社〕より）

非難の方は、川路を欧州司法制度調査随行員に推薦し、警保寮の警保助大警視に任じるなど抜擢厚遇してきた西郷隆盛に賊名を負わせて城山の露と消えさせたことや、桐山石川県令の電信と千坂内務省庶務局長らの大久保内務卿護衛要望を軽視して警護を怠ったため、恩恵を受けた大久保利通が紀尾井坂で島田一郎らに暗殺されたことへの内務省からの非難などが、大きな理由のようである。

これら毀誉褒貶を超えて川路顕彰が行われた背景は、警察官僚を経て静岡県知事を務めていた松井茂の同伝記所収「本書の発刊に就て所感を述ぶ」の次の一節に表わされているようである。

「自分は大警視の人物に就ては、曾て故伊藤公爵からも委しく聞くことが出来た。然しながら当時の事情の錯雑紛糾せる、或は人に依りては種々の批評を試むるものもあったであろう。こんな時代に隠れたる事実を審《つまびらか》にするのは自分等の如き時代を異にせる者が到底なし得る事ではない。自分は只先に述べたように、大警視は熱心に且つ忠実に、我警察界の為に尽瘁《じんすい》して、範を後人に示された点に於て、多大の尊敬に値すると云うのみである」

伊藤博文が川路大警視について批判したのは、伊藤参議が真相糾明を主張していた黒田清隆参議夫人斬殺事件をもみ消したのではいわれている件と、井上馨外相ら長州派高官を標的とした藤田組贋札事件捜査についてであろう。

大正時代から川路大警視の復権顕彰がなされたのは、明治十二年に組織された川路を長とする欧州警察制度調査団の随員・佐和正らの尽力によるところが大きかったようである。

川路顕彰の原典ともなった『大警視川路利良君伝　全』の尽力者と参考文献などについて、「緒言」は次のように述べている。

一、本伝を起草するに当り、最も有力なる史料となりしは、大警視の日記にして、明治四年以降警視庁建設当時の苦心より、同十二年大警視薨去に終れるもの也。大警視平素の用意周到なる、時々折々の感想は素より、苟《いやしく》も国事に関する書類は断翰寸墨と雖も之を保存せり。今や佐和家之を秘蔵し、各索引を付して数十冊に及べり。又安藤家、園田家、大山家（綱昌）、小野田家、室田家等の文書及び警視庁史稿は実に日記と共に貴重なる史料にして、本伝の記事論拠多くは之に参考せり。
一、佐和正、小野田元凞両氏は特に校閲訂正の労を取られ、大山綱昌、大浦兼武、安立綱之、安楽兼道、園田安賢、山下房親其他朝野諸名士にして材料を供し、資を補せられたる者少からず。又諸公伯子男諸家名士は快く題字序文を賜えり。併せて深く著者の感謝する所なり。

この伝記が刊行されたのは、川路の日記など数十冊に索引を付して秘蔵していた佐和正と、小野田元凞、大山綱昌ら欧州警察制度調査団有志と、川路直系幹部たちの尽力によることが記されている。

そして、川路を尊敬し文才もあった二人の部下に恵まれたことも大きい。一人は佐和正だが、もう一人は丁野遠影である。川路大警視の下、ナンバー4で少警視筆頭だった丁野遠影は、同じ高知出身で名文家といわれた植松直久に、川路が部下に言い聞かせた語録を編纂させ、これを『警察手眼』という表題で出版している。

このように川路に心酔し重用されていた丁野は、大山第二代大警視、樺山第三代大警視の時代になると、後順位だった田辺良顕が警保局長へ、綿貫良顕が警視副総監へと栄転して追い抜かれ、明治十五年には警視庁二等警視から太政官権大書記官へ転出し、修史館勤務となっている。

修史館（局）は、明治政府の正史である『明治史要』を編纂した所であり、丁野が警察史の執筆に携わったであろうし、丁野の尊敬する川路大警視が警察史に輝く存在になるのに貢献したことであろう。

反面、樺山資紀第三代大警視・初代警視総監が数々の業績があったのにもかかわらず、それらが知られていないのは、丁野遠影、そして佐和正という明治警察の二大名文家を冷遇した結果の影響もあったことだろう。

なお、東京獅子への私学校瓦解対策について三十五項に及ぶ「訓諭大要」は、佐和正少警視が草案を作成し、川路大警視が修正を加えたものといわれている。

(2) 直系幹部の栄枯盛衰

明治十年、内務卿大久保利通と内務少輔林友幸・前島密管轄の警視局幹部は次のとおりである。

◯警視局
大警視
　川路　利良（鹿児島）
中警視
　安藤　則命（鹿児島）
権中警視
　石井　邦猷（大分）
少警視
　丁野　遠影（高知）
　佐和　　正（東京、元仙台藩士）

田辺　良顕（石川、元福井藩士）
綿貫　吉直（福岡、元柳川藩）
千坂　高雅（山形、元米沢藩士）

権少警視

重信　常憲（鹿児島）
坂部　　寔（東京）
石原　近義（鹿児島）
前田　元温（鹿児島）
迫田　利綱（鹿児島）
国分　友諒（鹿児島）
三間　正弘（新潟、元長岡藩士）
渥美　友成（石川）
江口　高確（熊本）
檜垣　直枝（高知）

明治十一年五月に紀尾井坂の変で大久保利通急死後、内務卿に伊藤博文が就任するが、少警視千坂高雅が少書記官に異動し、国分友諒が戦死した他は、十一年、十二年の幹部の顔ぶれに変わりはない。

明治十二年十月、川路が病死して、大山巌参謀本部次長が内務大輔兼大警視に就任、十三年二月に陸軍卿就任のため退任するが、その間ナンバー2の安藤則命中警視が藤田組事件の越権捜査で無実の者を逮捕したことなどで免官になった。

明治十三年、内務卿松方正義、内務少輔品川弥二郎管轄の警視局は、警視局長代理に石井邦猷中警視が就任し、次のような顔ぶれになっている。

○警視局
中警視
石井　邦猷（大分）
権中警視
田辺　良顕（石川）
綿貫　吉直（福岡）　消防本部長
少警視
丁野　遠影（高知）
佐和　正（東京）　欧州行
江口　高確（熊本）

安立　利綱（東京）　消防本部副長兼司令官
三間　正弘（新潟）
石原　近義（鹿児島）

権少警視
檜垣　直枝（高知）
渥美　友成（石川）
川畑　種長（鹿児島）
中川　祐順（石川）
寺島　秋介（山口）
別府　景通（鹿児島）
長尾　景直（鹿児島）
高山　一祥（熊本）
佐々木千尋（石川）

だが、藤田組事件収拾工作をした石井中警視へ安藤元中警視らから検事局告発などの攻撃があって紛糾して、石井中警視は警視局を去り内務省監獄局長に就任した。

そして明治十三年十月、第三代大警視に、近衛局幕僚参謀部参謀長樺山資紀が就任した。樺山大警視は明治十四年一月、警視局を内務省警保局と警視庁へとに組織改編し、樺山は初代警視総監となった。

明治十六年の警保局と警視庁の幹部の顔ぶれは次のとおりである。

○警保局

長　権大書記官

勝間田　稔（山口）

少書記官

檜垣　直枝（高知）

二等警視

園田　安賢（鹿児島）

◎警視庁

警視総監

樺山　資紀（鹿児島）

警視副総監

綿貫　吉直（福岡）

一等警視
佐和　正（東京）
江口　高確（熊本）
安立　利綱（東京）
二等警視
石原　近義（鹿児島）　巡査副総長
小野田元凞（群馬）
林　誠一（山口）
園田　安賢（鹿児島）　兼内務書記官

明治十年の警視局の大警視川路利良に次ぐ次席安藤則命、三席石井邦猷、四席丁野遠影は、明治十六年には警保局、警視庁から姿を消し、五席で川路腹心の佐和正は六席田辺良顕、七席綿貫吉直に追い抜かれており、六年間の警察幹部の変化の大きさを表している。

(3)　欧州警察制度調査団随員の官僚人生

明治十二年二月、川路大警視を団長に随員七名が二カ年の予定で欧州警察制度調査に出発した。主席随員の佐和正少警視が高等警察事務一般、小野田元凞一等警視補が監獄及び消防制度、大山綱昌《つなまさ》二等警視補が憲兵と警察の関係、林誠一が司法警察制度というテーマを持って調査に赴いた。これに、翻訳事務一人、通訳二人が参加した。

この調査団は、警察制度の専門的・事務的事項の調査とともに、日本警察の将来を担う警察官僚の養成も目指したものだったといわれている。

ところが、川路が選抜して欧州警察制度を二年間調査研究させ、警察の将来を担う官僚として養成し期待した団員たちは、意外なことに警察の将来を担う警察官僚になっていない。

まず、主席随員の佐和正少警視（仙台藩出身）だが、警視副総監の次の一等警視（副総監心得）までで、その後宮内省大書記官を経て二十二年青森県知事に就任、七年間在任と官選青森県知事としては最長を記録して二十九年八月退官、三十一年に日本赤十字社の理事になっている。川路大警視の腹心といわれ、大久保・川路体制が続けば当然警保局長か警視総監として警察行政を担うレールが敷かれていたようだが、意外なコースを辿って官界生活を終えている。

小野田元熈一等警視補（上州館林藩出身）は、十四年六月に警視庁書記局次長、十五年七月に会計局長、十七年八月内務少書記官、十九年二月警視庁書記局長と警視庁総務部門で活躍していたが、十九年二月に東京府小笠原島司長、二十一年に長野県第二部長・第一部長を経て、二十五年八月に兵庫県内務部長と地方行政畑に転じた。これは山県有朋内相の下、芳川顕正内務次官、清浦奎吾警保局長という山県体制下の人事のようである。

そして二十六年三月に、伊藤博文首相と井上馨内相の人事で警保局長として警察畑に復帰し、二十九年十一月まで務め、退官した。その後、樺山警視総監の下で会計局長をした関係ともいわれるが、三十年四月に樺山内相の人事で茨城県知事に就任、静岡・宮城・香川の各県知事などを歴任して、四十三年貴族院議員に就任しており、順調なコースを歩いている。

大山綱昌二等警視補（薩摩藩）は、欧州警察制度調査では「憲兵と警察の関係」をテーマにしてきた。明治十四年二月に憲兵が創設され、憲兵将校には警察出身者二十四名、陸軍歩兵将校からの転科者九名が発令され、大山綱昌は一等警視補から陸軍省付憲兵大尉になった。

大山綱昌は川路大警視の秘書役を務めてきたといわれ、川路は大山を憲兵制度の創設に当たらせ、憲兵の最高指導者とする人事計画だったと思われる。

明治十五年、陸軍卿大山巌の下で大山綱昌は総務局課僚・憲兵大尉だが、一方、東京憲兵本部が設置されて、少警視の三間正弘が隊長・憲兵中佐に就任している。

明治十八年になると、大山綱昌は総務局課僚憲兵大尉のままだが、憲兵本部として組織が整備され、憲兵本部長は憲兵大佐三間正弘、次長兼東京憲兵第一大隊長・憲兵少佐春田景義、第二大隊長・憲兵少佐前田隆礼と幹部が配置され、大山綱昌の憲兵の最高指導者への道は閉ざされたようである。

『日本憲兵正史』は次のように述べている。

「三間正弘がどうして憲兵の初代司令官（本部隊長）に選任されたか、これは推測の域をでないが、三間正弘は西南の役に別働第三旅団の参謀として出征したが、このときに、発病した第三旅団長川路利良に代わって、約一カ月間、旅団の指揮をとったのが憲兵創設時の陸軍卿大山巌であった。その後、大山巌が警視局長在任中、三間正弘は少警視として警視局の幹部であった。したがって、三間正弘が大山巌にその人物を見込まれ、信任を得たであろうことは想像に難くない。こうしてみると、三間正弘が創設された憲兵の最高指導者に抜擢されたことは、故なきことではないだろう」

そして三間正弘は十二年の長きにわたって初代憲兵司令官を務め、第二代には春田景義が就任した。

大山綱昌は農商務省に移り、農商務省書記官、同参事官、同商工局次長などを経て佐賀県知事に就任、以後山梨・長野・岡山の各県知事を歴任して、大正元年貴族院議員に就任している。

司法警察制度をテーマとして調査研究した林誠一（山口）は、明治十四年から十七年と警視庁二等警視で局長を務めている。

林誠一が新薩摩閥の樺山警視総監や松方内務卿と対立していたのではと窺わせる次のような追懐談が『大警視川路利良君伝 全』の中にある。前警視庁警視伊藤基氏談「大警視時代の風俗取締」として、川路大警視没後の状況が述べられている。

（前略）後自分は挙げられて第二局第二課長となった。該局長は林誠一であった。予の任務は専ら府下一般の風俗の改善進歩を計ることで、何処の管轄でも自由に踏み込むべき権限が与えてあった。（中略）其内苦心した問題の一つは某公が丁度内務卿の時分、部下の局長連が其厳正なる某公に芸妓を媒介したとして置く。処でその芸妓を当時天下の糸平と謡われた田中平八の息子が口説き陥して、先ず築地の某料理屋に於て飲酒の揚句、遂に約束が出来て、此度は場所を転じて府下目黒の某料理屋で同衾し居るを巡査が踏み込んで検挙して了った。当時の会計局長小野田元凞君が其翌日早朝腕車を飛し顔色を変えてやって来て云々の話をした。自分も之には少からず閉口した。今一は柳原全権公使の妾を検挙した時で、此二つ丈は今に忘られぬハハ……。旦那一人を後生大事に守って居ればよいのに、時々摘み喰いするからこんな醜態を演出するのである。其れから築地の某料理屋に素的の別嬪で当時評判の小妻と云う芸妓が居た。各省諸官衙の高等官連や伊藤公始め俳優では団十郎とかの外相手にせぬと云う豪い勢さ。（中略）此小妻も二三回検挙して処分した事もあった。兎角其は明治十四年樺山資紀伯総監時代だったと確かに記憶して居る。時に樺山総監曰く、或る会議に列席する毎に非難攻撃を受けるのは風俗取締であるから、多少手心を用い、臨機応変に処置して呉れと特に呼ばれて注意された事もあった。局長の林警視は何も差支えないからドシ〳〵ヤレと云う有様だ。サア其時分の罰金の相場は初犯で二十円、再犯四十円、三犯六十円、其れに関係せし楼主初め媒介者にも相当の処分すると云う如く決定して居た。其料金は総て機密費に融通した。其時分機密費は別になかったのである。何分にも総監と局長との遣り口が違うので、其中間に立って働くには余程考えなければならぬのである。

林誠一はその後一等警視兼検事となり、検事局に移って長崎控訴院検事長、大阪控訴院検事長を歴任して、明治二十五年十月退官している。検事として栄進したが、司法行政官僚として組織・制度の制定・改正・運用に携わることはなかったようである。

明治十年代の洋行は、日数と経費でも大変で、「洋行帰り」として希少価値があった。川路も欧州司法制度調査に随行したことが警察トップへの道を開いた。

川路は二年間に及ぶ欧州警察制度調査を通して、腹心の佐和正と小野田元凞を次代の警察トップへ、大山綱昌を新設される軍事警察である憲兵のトップへ、そして林誠一を司法検察官僚のトップへと考えて布石を打っており、権力の司祭者としての可能性を十二分に持った人物のようである。

大久保・川路体制が続けば、この人事コースは実現したであろう。だが、第二代大山巌、第三代樺山資紀大警視は反川路であり、明治十六年には川路の仇敵《きゆうてき》とも言える山県有朋が内務卿（大臣）に就任して二十三年まで八年近く務め、警察大改革・人事刷新《さつしん》を行い、川路の人事構想は挫折した。

小野田も警保局長と知事になったが、山県内閣で警保局長の清浦圭吾と小松原栄太郎は知事を務めた後、内務次官そして大臣となっている。

佐和、小野田、大山たちの二年間に及ぶヨーロッパ警察制度調査での学識・経験・理想を活かして活躍する機会に十分恵まれなかった不完全燃焼感が、川路への思慕とともに、警察行政における顕彰という形で実を結んだのであろう。

それと、大久保利通の二男であり外務大臣、宮内大臣などを歴任した牧野伸顕《のぶあき》の「川路は警察の父」という言葉や、利通の孫であり、日本近世史の権威で政府の近世史編纂に長年携わった大久保利謙博士の「内務行政は大久保利通の敷いた路線に沿って今日に至り、警察行政も川路利良の敷いた路線の流れにある」という見解にバックアップされて、川路は「警察の父」ともいわれてきたようである。

2　第二代大警視大山巌

大山巌は、日露戦争で世界最強といわれたロシア陸軍を破った満州総軍司令官、そして明治陸軍を山県有朋とともに作り上げた陸軍大将・元帥として有名で、第二代大警視だったことを知らない人も多い。

明治十二年十月十三日に川路利良初代大警視が病死した後の十月十六日、陸軍中将・参謀本部次長だった大山巌は内務大輔・大警視に就任した。

大山には、川路の後任に二回も就任するという不思議な因縁があった。

一回目は西南戦争中の明治十年五月二十五日、大山陸軍少将は次のような書翰を大久保内務卿に送り、川路の陸軍少将・別働第三旅団司令官解任への了解・承認を求めた。

「……人民一般は、川路をにくみ、今般の一挙（西南の乱）は、同人より起こり候儀につき願わくば、生きながら川路を喰いたしと民間婦女子まで申す由に御座候。川路少将をいま御つかわしになれば、民政上に大いにさしつかえを生ずべきことと相考え候。小生といえども、今日に至っては同様に憎まれ候えども、川路に比すれば未だ幾分かよろしかるべし……このあとの所は、他国（他県）人まいり候方、あとの治まりについてよろしかるべしと、かねがね山県参軍などには申すことに御座候」

そして川路が七月一日、病気を理由に陸軍少将・司令官を退任して鹿児島を去った後、別働第三旅団司令官に就任させられた。大山は一カ月程の司令官在任中、薩軍が宮崎から撤退したのを理由に別働第三旅団を解散・改編した。

大山　巌（国立国会図書館蔵）

別働第三旅団には、会津など東北諸藩そして長岡など新潟諸藩の士族の徴募巡査も多く、「戊辰の復讐」を叫んで薩軍に斬り込み、また反私学校の薩摩系巡査隊などで編成され勇敢に戦っていたが、大山陸軍少将は、戊辰の怨恨などをエネルギーとして戦う旅団が新撰旅団と並んで二つ存在し、政府軍と薩摩人との関係が悪化するのを憂慮したのだろう。

山形有朋総司令官も、五月十四日付で西郷従道陸軍卿代理と鳥尾小弥太参謀局長に宛てて、鹿児島の状況を次のように報じていた。

「(1)鹿児島県下で西郷軍に応募したのは約三万人で、なお脅迫も加えて召集している。（略）(5)政府軍の鹿児島占領によって解任された鹿児島県庁の警官は、すぐに西郷軍に加わり、新たに県庁に採用された『鹿児島人』はすべて脱走したほどで、婦人・子供に至るまで政府軍を敵視している」

大山巌陸軍少将は、このような鹿児島県民の政府軍敵視感情を緩和するため、薩軍憎悪の抑制へ向けて、川路司令官の解任と別働第三旅団の改編など政府軍に対しても大局的見地から改革を行っている。

後年のことになるが、大山巌の大局的判断力について、明治三十七年二月勃発の日露戦争において、大山巌満州軍総司令官・児玉源太郎総参謀長コンビでの世界最強といわれたロシア陸軍との戦争指導について述べてみたい。

日露戦争は、明治三十七（一九〇四）年二月開戦、百五十日間の激戦の末旅順攻撃、三十八年三月奉天大会戦に勝利した。

満州総軍総司令官大山巌と総参謀長児玉源太郎は、勝利に浮かれることなく、直ちに政府へ講和に着手するよう要請することを決め、児玉は三月末には東京へ着き、山県有朋参謀総長、寺内正毅《まさたけ》陸相、桂太郎《かつらたろう》首相、山本権兵衛《ごんべえ》海相、伊藤博文元総理らに、「戦争を始めた者は戦争をやめるためになんとかしろ」と説いてまわった。

五月、日本海海戦に勝利するや、桂内閣はアメリカ大統領ルーズヴェルトに講和の斡旋を依頼した。表向き戦勝者でも、内情は、軍事力・財源ともに窮迫していることを上層部は知っていたので、講和代表を伊藤博文は固辞し、小村寿太郎《こむらじゅたろう》外相が引き受けることになった。

二カ月の難交渉の結果、関東州租借地―長春―旅順間の鉄道などの日本への譲渡、南樺太の日本への譲渡など、日本に有利な条件で八月二十九日にポーツマス条約が締結された。

終戦講和を促進した大山と児玉たちは、このまま戦争を続ければ、九月には、日本軍十七師団に対し、ロシアはヨーロッパ方面の師団を満州に送り込み三十八師団になるだろうと予測していたが、戦後公表されたロシア側の資料と照合しても正確だったという。

このような大局的判断力と荒武者たちを心服させる徳望があり、そして藩閥出身だが閥族を超越した大器といわれる大山でなければ、川路大警視の「脳を割りて摘発指示」に基づき藤田組及び長州高官摘発へ管轄越権《かんかつえつけん》を強行しての異常な熱意の捜査、長州派からは「この事件は薩派が長派をやっ付けん為の警察権濫用《らんよう》である」との非難・攻撃、さらにこの事件を利用し、薩長対立をあおって一挙に薩長両者を葬ろうという在野勢力の動きなどがからみ合った政治的事件の処理は、誰もできないと白羽の矢が立ったようである。

そして、三条太政大臣、岩倉右大臣、伊藤内務卿らの懇請《こんせい》によって、大山陸軍中将・参謀本部次長が内務大輔兼大警視に就任という異例の人事が行われたようである。

なお大山はのち明治十六年に、会津藩重臣山川浩の妹で第一回渡米女子留学生山川捨松を夫人としていることからも、大山の人柄と考えを推し量れる。

大山巌は、大西郷が弟の従道以上に信愛していた従弟でもある。巌の長兄成美《せいび》は、大西郷の妹安と結婚しており、弟の誠之助は薩軍で戦っていたが、のち大西郷と愛加那の間に生まれた菊草《きくそう》と結婚するなど西郷家と大山家は極めて親しい関係にあった。

大山はフランスに留学していた明治七年十月に、突然中途で帰国を命ぜられた。三条太政大臣や岩倉右大臣が明治六年政変で下野した大西郷の復帰を切望し、その説得役は大山以外にないという理由であった。

大山は急遽帰国し、鹿児島に西郷の出京を要請に行ったが、不調に終わった。

西南戦争中と、大警視としての藤田組の事件処理についてはそれぞれの章で述べているので、重複を避けることにする。

初代川路大警視と第二代大山、第三代樺山との大きな相違というか対立点は、反大西郷か親大西郷かということとともに、反長州か親長州かということがある。

川路は長州派の政商藤田組疑獄構想で、長州閥の中核井上馨、山県有朋と陸軍高官鳥尾小弥太、三浦悟楼らを捜査の標的にして地獄の一丁目まで追い詰めようとした強烈な反長州である。

一方、大山、樺山は強固な薩長連携派である。

文久二（一八六二）年四月、薩摩藩国父島津久光の上洛を機に、薩摩精忠組急進派有馬新七たちと、長州吉田松陰門下で高杉晋作と並んで双璧といわれた久坂玄瑞《くさかげんずい》や山県有朋、品川弥二郎、船越清蔵らが中心となって挙兵討幕を企てた。

京都伏見の寺田屋

この企ては久光の鎮圧指示で、有馬ら六人が闘死、二人が重傷を負うことになり、「寺田屋事変」といわれている。これを長州の方では、「文久の義挙」とか「第一次薩長連合」とか呼んで高く評価しているようである。

薩摩の寺田屋事変関係者には有馬新七派と大西郷派が多く、西郷従道、大山巌、伊集院兼寛（海軍少将）、篠原国幹、三島通庸、吉原重俊（三十八歳で初代日銀総裁）たちであった。闘死した橋口伝蔵は樺山資紀の実兄である。

西郷従道、大山巌、樺山資紀たちと山県有朋、品川弥二郎たちの関係は、文久の義挙以来の幾星霜があり、明治十二年から新薩摩閥として薩長藩閥政府を形成したのであり、一朝一石に出来上がった関係ではない。

山県有朋は吉田松陰の門下生を生涯誇りにしており、久坂玄瑞をリーダーに討幕挙兵の旗上げをしようとした文久の義挙での、薩摩の寺田屋事変関係者を同志として遇し、信頼関係を保ってきたようである。第一次・第二次山県内閣では、政府の中枢である内相に西郷従道を就任させている。

明治二十五年、前内相品川弥二郎が佐々友房《さっさともふさ》や官僚出身者たちで国民協会を設立した時にも、会頭西郷従道、副会頭品川弥二郎で政府擁護に活躍している。

陸軍では、軍政を司る陸軍卿（陸相）には山県と大山で、その後山県系の桂太郎、児玉源太郎、寺内正毅が就任すると、国防と用兵の軍事面を司る参謀本部長（参謀総長）には大山が就任して、両者の協力・信頼関係は長年続いている。

また明治二十年、山県内相が保安条例施行の警視総監に三島通庸を起用したりしたのも、文久の義挙以来幾星霜の同志的関係が底流となっていたと思われる。

反長州の川路大警視の人事構想とフランス式警察制度も、大山・樺山大警視に続く山県内務卿たち薩長連携派の巨大な流れの中に流されてしまったのであろう。

それに川路と大山・樺山とは仲が悪く、大山の方は、「西南戦争は川路より起り候儀につき」という見方と、戊辰戦争における薩長への怨恨を利用したその戦術に対する大山の士道による違和感からの反川路のようだが、樺山の方はそれだけではない川路嫌いのようで、西南戦争中に川路大警視から熊本県庁宛の「鎮台兵、未だ芦北《あしきた》に出《い》でざるや」という電文写しを見て、参謀長だった樺山は怒りをあらわにし、谷干城司令官の前で「正之進（川路）が、何をいうか」と写しをまるめ、床に投げすててしまったといわれる。

大山巌について、樺山資紀の語った次のような逸話がある。

「西郷従道と大山と樺山の三人が、鳩ケ谷茶店に上って昼食をしていたら、表につないであった大山公の犬が通りがかりの巡査に吠えかかり、巡査のズボンを噛んだ。宿の女中が出て詫びを云ったが巡査は承知せず、犬の飼主を出せと要求した。そこで大山公が出て謝ったが、巡査は犬をつれて警察に出頭するように言った。大山公は、ただひたすらに平謝りにあやまったが、巡査はなかなか承知しない。はては威丈高《いたけだか》になって名前を名乗るように言い名刺があったらさし出すように要求した。大山公は仕方なく不承不承《ふしようぶしよう》ながら、大警視の肩書きのある名刺をさし出すと、巡査は飛びあがるように驚き、平蜘蛛《ひらぐも》のようにあやまったが、大山公は、自分が悪いので、どうか勘弁して欲しいとはずかしそうにあやまるばかりであったという」

3　第三代大警視樺山資紀

樺山資紀は明治十三年十月、第三代大警視に就任した。任命権限者は内務卿松方正義と内務少輔品川弥二郎である。松方は大蔵大輔時代、警視局の贋札捜査について、財政上の影響と国家損失の点から、安藤を説得して穏便に処理することを三条太政大臣に進言し、長州と薩摩の対立へ進むことを心配していた三条と岩倉右大臣に好感を持たれ、頼りにされていたことも内務卿就任となったもう一つの理由であろう。

松方内務卿の課題としては、藤田組疑獄をめぐって、安藤前中警視派から石井中警視への検事局告発にまで発展した泥試合が二度と起こらないよう、そして警視局と長州閥との対立抗争が起きないような組織秩序の確立のため、剛腕大警視が求められたのであろう。

近衛局幕僚参謀長・陸軍大佐樺山資紀の大警視就任というのは、このような事態の解決と武力治安警察軍改編のため必要だったのであろう。

内務少輔品川弥次郎は長州閥であり、三尊と山田顕義につぐ実力者で、のち第一次松方内閣の内務大臣として選挙大干渉で蛮勇を轟かせた。

樺山大警視が直面した改革は、明治十年一月、西南の妖雲へ向け、警保局に東京警視庁を吸収して警視局を設置し、全国警察の管理監督だけでなく、警視庁警察官を自由に全国に派遣でき、西南戦争には九千五百人の警視局隊を別働第三旅団と新撰旅団として派遣し、さらに、派遣の必要はなくなったが、第二新撰旅団も組織編成したように、強大な武力治安警察部隊を持った警視局を改編することだった。

これには、士族反乱や農民一揆に巡査隊が多数動員され、警察力が反乱鎮圧の主役を演じていたことに対し、警察が軍事的機能に重点をおいて軍隊的行動をとるのは、警察本来の立場を逸脱しているのではとの厳しい世評も出ていた。

また、藤田組事件で、警視局が大阪府警察部や大阪検事局の管轄を無視して、自由に大阪在住の長州派政商を逮捕・捜索し、警視局大阪出張所を設置して拘禁・訊問し、報告を受けた伊藤内務卿や大木司法卿も振りまわされるという警視局の強大な権限に驚いた政府中枢から、改正への指示が発せられたのであろう。

　ところで、大久保内務卿下で川路大警視が内乱対策へ組織し戦闘力を備えた警視・巡査隊は、大久保内務卿の権力維持に重要な役割を果たしてきた親衛隊でもあった。

　どこの国でも陸軍は、正規軍のほかに警察軍・治安部隊・親衛隊が存在するのを好まないようである。西南戦争中に川路別働第三旅団司令官が、「山県陸軍卿はじつにえこひいきをする。水俣と大口の間の激戦で援軍を乞うたがわざと寄越さず、ひどい目にあった」と不満と恨みを言ったのもこの表れであろう。

　日本陸軍を作りあげた山県参議からも、反乱鎮圧の主導権限を持つ警視局・巡査隊の改廃に強いプッシュがあったであろう。

　そして、樺山大警視、品川内務少輔は、明治十四年一月、警視局の士族反乱や農民一揆鎮圧の軍事的な治安警察軍機能を縮減し、内務省警保局と警視局から警視庁が独立して帝都治安を担当する制度へと改編した。警保局長は内務大臣・次官を補佐して全国の警察行政を担当することとなり、警視総監は首都の治安維持に任ずることとなった。

　この後、行政警察の定着と政治的機能が強化されることとなっていった。

樺山資紀（国立国会図書館蔵）

樺山は、警視局組織の改正に伴い警視庁の初代警視総監に就任した。

明治十二年二月に、川路大警視を団長としてヨーロッパの警察制度調査に洋行していた佐和正、小野田元凞、大山綱昌らが、政治警察、監獄、消防制度、警察予算の組み方、憲兵と警察の関係など専門的事項について、二年間の視察と研究をして帰国したのを受けて、樺山は警察制度の専門的事項についての改革を行った。

樺山は、巡査の待遇改善に熱心で、老後の保障制度がなかった巡査に、恩給年金制度にあたる巡査看守給助令を制定・施行した。それと、川路大警視の時代に、一等巡査（警部補）までは樫《かし》の棒の代わりに帯剣が許されていた。当時の巡査は士族からの採用が多かったので、無帯刀というのは、それを理由に辞職したりするほどの大きな問題だった。樺山は、二等・三等・四等巡査（巡査部長・巡査）にもそれぞれ帯剣を認めた。

そうしたことで、人気は圧倒的に高かったといわれる。樺山は、西南戦争では熊本鎮台参謀長として薩軍と戦ったが、西郷を大変尊敬していた。

明治二十二年二月に、憲法発布の大赦で西郷たちの賊名が除かれ正三位が追贈されると、翌二十三年七月、樺山は鬼頭隆一らと宮城正門外に西郷銅像の建立を申請した。

宮城正門外には、建武の中興の忠臣といわれる楠正成の銅像が建っている。ここに西郷銅像を建立するというのは、明治の忠臣、ひいては近世史の忠臣は西郷隆盛ということになる。

ところが明治天皇は、二十四年十月にこの申請を聴許《ちようきよ》された。しかし、重臣の一部から異議が出たのであろう、二十五年十二月、故あって天皇は樺山らを諭して上野の地を下賜され、もう一度西郷銅像建立を出願させ、聴許された。

樺山は、この上野公園の西郷銅像建立委員長を務め、三十一年十二月の除幕式では経過報告を行い、除幕委員長川村純義が謝意を述べ、山県有朋が祝詞を述べている。

樺山は、十三年十月から十六年十二月までの三年余、第三代大警視・初代警視総監を務めた。樺山は、「薩摩の立派な人物は西南戦争で死んでしまった」とよく語ったという。明治四十四年四月十八日の「東京朝日新聞」に寄稿した「砲烟を見ざる前」で、次のように興味ある見方を述べている。

「熊本の籠城はいよ〳〵敵兵を引受けて、砲煙を揭ぐるに至る前の、苦心が大変なものであった。此時の谷の苦心は、一生涯中の苦心だと思う。熊本の兵は神風連の暴動で、士気沮喪《そそう》して居る所へ、鹿児島の慓悍《ひょうかん》なる、兵を引受けるのが一の苦心。又一には先輩の西郷、篠原、桐野等と戦うのであるから、如何にも戦いに忍びなかったが、谷は国家の鎮台として、私情を捨てゝ戦った。当時の有様は実に、内憂外患交々《こもごも》到り、佐賀の乱、朝鮮事変、台湾の役と相次で、紛糾を極め、能く其時の事情に通した者でなくては、其時の事は判らぬ。

佐賀の乱には、形勢切迫して、今にも足元から鳥が立ちはすまいかと思われた位、夫《それ》に神風連の暴動は、人心に大影響を及ぼして、熊本鎮台は滅亡するかと思われた。司令長官たる種田少将、参謀長たる高島大佐（秋帆の子）等は、神風連のために叩き斬られ、県令も殺されたのが、明治九年の十月二十四日である。乃《よっ》て鹿児島の私学校党等は、此の如く政府の威信なき上は、到底明治四年西郷（南洲）の、お召に依て兵を率い東上した時の如き場合に、立ち到らねば処置は附くまいと思った。即ち何うしても、西郷が足を挙げねばならぬだろうと思った」

樺山が「鹿児島の私学校党等は……」以下で言っているのは、維新後特権と職業を剝奪されて不平満々の士族や、農民一揆の増加など世情不安への対応と、徴兵令や廃藩置県実現のため西郷の威望と薩摩藩の兵力を利用しようと西郷に東上を促し、西郷が明治四年三月下旬、歩兵四大隊、砲兵四隊を率いて東京に入り、長州藩と土佐藩からの隊とともに「親兵」とし、威望と武力によって政府一新を行った時のことである。

また、薩摩には率兵《そっぺい》東上の先例として、島津斉彬が藩兵三千を率いて幕政改革を目指した東上計画があり、島津久光が藩兵一千を率いて上洛し、勅令を奉じて幕府の人事・組織改革を行わせたことがある。樺山が述べているのは、これら鹿児島における先例に基づいた私学校を中心とする薩軍東上への同情的見方とも言える。

樺山は大警視、警視総監を三年余り務めた後、西郷従道・大山巌両海相の下で海軍大輔を務めた。そして第一次山県内閣に海相として入閣し、第一次松方内閣でも留任した。

明治二十四年第二議会で建艦費が否決されたのを非難し、「日本の今日あるはだれのおかげか、すべて薩長政府のおかげではないか」と「蛮勇演説」を行って民党を激高させ、衆議院解散のきっかけを作ったことでも有名である。

その後、初代台湾総督、第二次松方内閣の内相、第二次山県内閣の文相を務めた。

老後は、ほとんど鹿児島市鴨池町の小さな家で狩りを楽しんだりして余生を送った。顔つきは猛将という感じだが、気持ちのやさしい人で、貧しい人には金をやり、身なりにもかまわず、誰とでも付き合う庶民的な人だったといわれている。

第四章

西郷隆盛生還説と松方内閣震撼の大津（湖南）事件

一　はじめに

日本には、古来、悲運の英雄をそのまま死なせたくないという英雄不死伝説があるが、明治二十四（一八九一）年、ロシア皇太子の訪日に際し、ロシアで軍事顧問をしていたという西郷隆盛の生還説が新聞を賑わわせた。

大津事件の犯人津田三蔵巡査は、西郷が帰ってくれば西南戦争での勲章が剝奪されると思いこみ、ロシア皇太子が西郷を同伴してきたと妄想して斬り付けたという説があるので、この英傑不滅説と大津事件について考察してみたい。

訪日したロシア皇太子に、事もあろうに警護の巡査が危害を加えた事件は、発足五日目の松方内閣を震撼《しんかん》させた。松方内閣の閣僚は噴火口頭に立つものとして戦慄《せんりつ》せると同時に、国家三千年の生命断滅の厄運《やくうん》に遭遇するものとして悲嘆し、危機感を持った。

伊藤博文元総理も、ロシア皇太子危害の報に接し、驚愕度を失い思わず箸を取り落とし、井上馨元外相は会議で謀殺未遂罪の適用を主張した陸奥宗光農商務相を一喝し、青木周蔵外相は詔勅を奏請《そうせい》し詔勅によって刑法第一一六条適用を司法部に命令すべしと説き、さらに山田法相も国家の危険を防禦するため戒厳令によってでも処刑すべし、と説いている。

これら重臣の言動は、世界屈指の軍事力を誇るロシアを激怒させれば、ロシア艦隊が品川湾頭に殺到して我が帝国は微塵《みじん》とならんと心配し、国家は区々たる法律より重き故に、憲法・法律を曲げても、大逆罪《たいぎゃくざい》を津田三蔵に適用して死刑に処すべし、との方針を促すことになった。

これに対し児島大審院長は、内閣がいかに決定しようとも、法律の精神に反する解釈には応じられないと反論し対立した。

この大津事件は、藩閥政府の行政権力と司法部との対立という見方が通説であるが、他に、攘夷戦争で欧米列強との実戦体験を持つ薩長藩閥閣僚と法の支配確立の最前線に立つ司法関係者との対立という見方もある。

松方内閣の報復回避を第一とした外交重視方針と対立して、圧迫に屈することなく謀殺未遂罪の法適用をした児島大審院長については、西郷内閣の司法卿江藤新平が目指した人権の保護と法治主義の理想が、江藤を尊敬する児島によって実現されたとの見方もあり、草創期の司法省と、大津事件を通して司法権独立への苦闘を考察してみた。

さらに、西郷隆盛は維新回天の中心人物として強調されているが、司法権の独立や不平等条約の改正なども、西郷の理想を直接・間接に受け継いだ人材によって達成されたことも論じてみた。

二　西郷星

明治十年二月十七日、数十年振りという大雪の中を、「今般政府へ尋問の筋これあり」と率《そっ》兵《ぺい》上京を声明した西郷隆盛、桐野利秋《きりのとしあき》、篠原国幹《しのはらくにもと》に率いられた薩軍一万三千は、東京へ向かって進軍を始めた。

途中、宮崎・熊本・大分など各県から「新政厚徳」に共鳴して参加した党薩《とうさつ》諸隊九千人とともに、熊本城、田原坂の戦いと、政府軍と激しい攻防戦を行ったが、四月中旬熊本を撤退し、人吉、宮崎へと転戦し、八月には延岡の北へ追い詰められた。

西郷は「わが軍の窮迫ここに至る。今後の策はただ一死を奮って決戦するあるのみ。この際諸隊にして降らんとする者は降り、死せんとする者は死し、みなその欲するところに任す」と解散を布告し、党薩諸隊の多くはここで解散した。挨拶に来る隊長たちに西郷は深く礼を述べ、みな涙を押さえて去ったといわれる。

この西南戦争中に、毎晩深夜一時、二時頃になると、東南方の空に燃えているように輝く赤色がかった星が現れた。

今まで見たことのない大きな星なので、毎晩、物干し台や戸外に出て夜空を仰いで夜更しする人が多くなった。この星を望遠鏡でよく見ると、西郷隆盛が陸軍大将の服装で、手に「新政

陸軍大将の軍服を焼いた宮崎県北川町俵野の薩軍陣営前跡。昭和42年，俳人水原秋桜子が訪町の折に詠んだ句碑

厚徳」の旗を持っている姿が見えるというので評判になり、新聞が報道し、錦絵に描かれ、全国的に有名になった。「西郷星」といわれるものは、火星が地球に最も接近したもので、西南戦争中の七、八月頃から翌年の七月頃まで出現した。

　そして西郷の賊名が解かれ、正三位を追贈された明治二十二年二月から一カ月後の三月に、なんと不思議なことに再び大星が東南の夜空に輝いたので、正三位追贈のお礼に出現したのだと評判になり、民衆はまさしくこれは「西郷星」だと信じ、毎夜見上げて拝んだといわれる。

　この「西郷星」が、西郷不死伝説の伏線ともなっているようである。

三　西郷大陸生存説

　古来わが国には「英雄不死」、「英傑不滅」の思想や国民感情があり、特にそれが悲運の場合には敗者びいき、判官《ほうがん》びいきという同情心となって、史実とは別に、その時点で死なせたくない、もっと生かしておきたいという庶民感情から蘇生・復活の舞台をつくる試みが、国民性としてみられるといわれている。

その中でも、「野獣すでに尽きて猟狗烹《に》らる」、「高鳥尽きて良弓蔵《おさ》められ、敵国滅ぶれば則ち謀臣亡ぶ」という古語にあるように、強敵木曾義仲や平家打倒まで重く用いられた源九郎判官義経が、木曾義仲を討ち、平家を一の谷・屋島・壇ノ浦に討って滅亡させたら邪魔者扱いにされ、陸奥《むつ》衣川《ころもがわ》で殺されたことに、庶民は同情と口惜しさから「判官びいき」という言葉まで生んだ。

西郷隆盛も、徳川幕府を倒して王政復古を実現し、さらに三百諸侯から廃藩置県をその威望で実現するまでは、武勲第一等の功臣として重んぜられたが、廃藩置県の大事業が完了するとともに、岩倉や大久保によって政権から追い出され、西南戦争で城山の露と消えると、国民大衆から同情と哀惜の声が湧き上がり、源義経とともに悲運の国民的英雄となった。

その源義経について、江戸時代中期に幕府の蝦夷《えぞ》地開発が始まった頃から、「義経蝦夷入り」の伝説が定説のようになってきた。

その後、義経は蝦夷から樺太を経て満州へ渡海し、そこ生んだ子供が金国の将軍となり、源《げん》光録《こうろく》将軍と呼ばれたという中国の正史の一つである『金史《きんし》』の『金史別本《べつぽん》』をめぐって、歴史的事実かどうかの論争が行われた。六代将軍家宣の側近で、合理性と実証を重んじ、『西洋紀聞』などの著書もある朱子学者の新井白石も、この『金史別本』の真偽の検証に頭を悩ませたといわれるほど評判になった。

明治十五年頃に、官僚であり文学者としても『防長回天史』を書いた末松謙澄《すえまつけんちょう》が、ケンブリッジ大学の卒論に、義経の成吉思汗論《じんぎすかん》をまとめ、それを参考にして別の人が『義経再興記』という題で出版した。この義経・成吉思汗説は、現実離れした空想的な説というわけでなく、次のような推定根拠などがあげられている。

モンゴルのチンギスハーンの本陣興安嶺《こうあんれい》上には九流の白旗がはためき、生涯を通じて九という数字を重んじたという。源氏の旗は白旗であり、義経の姓名は源《みなもと》九郎判官義経《くろうほうがんよしつね》である。

また、蒙古のトルメゲイ城で息をひきとった時の臨終の際の言葉は、「われこの大命を受けたれば、死すとも今は憾《うら》みなし、ただ故山に帰りたし」と。

蒙古族の英雄のいまわの言葉としては不可思議である。義経の転生だと考えれば、牛若丸時代の鞍馬山・京都、そして峰々を埋めつくした白雪の中で静御前《しずかごぜん》と悲しい別れをした吉野山、さらに奥州平泉など懐かしい日本の山河への痛切な想いが、「ただ故山に帰りたし」という言葉になったのではといわれている。

このように、江戸中期から明治期には、源義経の大陸への渡海・生存という英雄伝説の先例があったのである。

西郷の大陸生存風説の流布根拠としては、西郷が半月余り過ごしていた岩崎谷の洞窟の壁には一枚の世界地図が掛けられていた。西郷は西南戦争中もこの地図を自ら持ち歩き、暇があれば開いて眺め、うなずいたりしていたので、何か遠大な計画があったのではないかというものである。

それと西郷の首の謎である。

官軍の城山総攻撃の朝午前六時を過ぎる頃、西郷は洞窟を出て幹部たちと東北方岩崎谷口へ進む途中、太腿と左横腹に飛弾が命中したので、西郷は後から来た別府晋介を呼び、「晋どん、ここでよかろう」と促し、別府は涙をのんで西郷を介錯した。そして別府は西郷の従僕吉左衛門に首を隠すよう命じた。

「その首の所在については各文書の記す所、異同あるを免れず」と『西南記伝』も述べているように、隠した首のありかや発見場所はどれが真実なのかわからないようである。

さらに、別府が西郷を介錯した時に居合わせた薩軍幹部四十余名は、全員岩崎谷と大堡塁で戦死した。

こういうことが、西郷の海外渡航・大陸生存説を生んだようである。

四　西郷の首の謎

1　西郷の首検視

城山陥落後、薩軍の死体検視が行われた。桐野利秋、村田新八、別府晋介、桂久武、辺見十郎太らの遺骸が明らかになった。

だが西郷の死体がない。そこで首のない大兵肥満の死体について、第四旅団参謀の坂元純凞《すみひろ》少佐が検死に当たった。坂元は、西郷留守内閣では川路利良とともに邏卒総長で、司法省警保寮の時には川路も坂元も警保助・大警視で、勢力伯仲した警察の両雄であった。

この坂元は西郷が明治六年政変で下野した後、国分友諒《ともあき》とともに、太政大臣三条実美に働きかけて西郷参議復帰運動を行い、六年十二月には国分が三条実美の特使として西郷の呼びもどしに鹿児島へ行ったりした。

だが西郷に参議復帰の意思がなく、西郷呼びもどし運動は不発に終わった。

この後、大久保と川路の工作もあって、坂元・国分ら西郷派数百人は辞表を提出して警保寮を去り、明治七年一月十一日から川路が警察の指揮権を掌握することになった。

坂元はこの後、明治七年五月の西郷従道陸軍中将率いる台湾征討軍に、警保寮を辞職帰鹿し

西郷隆盛，桐野利秋など薩軍戦没者6800柱の南洲墓地

た三百人を率いて徴集隊として参加した。

七年十二月に台湾撤兵後、国分友諒ら徴集隊の多くは警視庁に再就職し、坂元は陸軍に入り、陸軍少佐・第四旅団参謀として西南戦争に従軍していた。

一方、明治六年には警保助・大警視として同輩であった川路利良は、陸軍少将・別働第三旅団司令官という高官で従軍していた。なお川路は、鹿児島県民の反川路感情を憂慮した大山巌陸軍少将らの解任要請もあって別働第三旅団司令官を退任し、七月一日に鹿児島を去っていた。

この坂元純凞少佐が、ある死体の右腕の肱の上を見ると古い刀痕があった。寧丸がすごく大きい。一見して隆盛の死体と断定された。右腕の刀痕は、隆盛十三歳の少年時代の決闘の傷跡であり、寧丸は島流し時代にフィラリア病に冒されたものであった。

首級はあちこち捜した結果、前田恒光という兵卒が、折田正助邸の小溝にかかる低い石の掛橋の下から、砂だらけの首を見つけて持ってきた。頭髪は五分刈りで、鬢髪《びんはつ》やや薄くして、丸々とした首級は、隆盛の首のようであった。坂元少佐はかたわらの水で丁寧に首を洗い清めて、参軍山県有朋中将に捧げた。山県は敬虔に目礼して、両手を差しのべ受け取った。山県は暫時の間熟視し

て、

「何と立派な死様だ。従容《しようよう》として平常の温顔といささかも変わっていない。わが輩をして、二百数十日間、瞬時といえども心安からしめず、苦心煩悩の地獄に追いつめたのはこの西郷翁である。今わが輩は初めて心の落ちつきを知った。西郷翁は天下の大英雄である。翁を知る者予に勝るものなく、予を知る者翁に勝るものはない。千古の遺憾事、千歳の悲惨事である……」

と。山県の声は涙で詰まって、とぎれた。

山県は直ちに部下に命じ、「隆盛以下の死屍《しし》に無礼の振舞いなきように」と訓戒《くんかい》した。隆盛、桐野、村田の遺体をそれぞれ毛布に包み、二重棺に納め浄光明寺《じようこうみようじ》に葬ることとなった。

官軍の川村純義参軍、大山巌、高島鞆之助少将以下、多数の鹿児島出身の将校たちは、せめて生前の隆盛たちの恩顧《おんこ》に報いたいと、大山少将が総代となって遺体下げ渡しを申請した。また鹿児島県庁からも岩村通俊知事の名で遺体引取りの願書が出て、結局県庁に引き渡すことに決定し、厳粛な葬儀が行われた。

2　西郷首の真偽

坂元純凞陸軍少佐、山県有朋陸軍卿という西郷の知人が西郷の死体の検視をしたのだが、真偽への疑問は長く残った。

第一は、西郷の影武者存在説である。

西郷には幕末動乱の時代から影武者がいたといわれ、影武者七人という説もあったようである。例として、木場原靭負《ゆきえ》という薩摩藩士は、体肥満して力士のような体格、その面貌・恰幅《かっぷく》も西郷に瓜二つといわれたほど酷似していたらしい。

宮崎の近くにも西郷とそっくりの人物がいて、西郷軍の中隊長が見違えたという話もあった。そこから、城山で討死した死体は影武者で、西郷は、琉球、中国、ロシア、インド、フィリピンなどで生存しているという諸説もあり、「西郷生存説」を報じた新聞もあった。

西郷隆盛終焉の地（鹿児島市岩崎谷）

例えば、元老院議官陸奥宗光が、西南戦争中に立志社の林有造、大江卓らと大久保政府転覆計画を企てていたとして明治十一年六月に逮捕された時に、次のような報道も行われた。

「陸奥宗光氏の拘留になりし所以《ゆえん》は、全く西郷隆盛を海外人に依托して支那地方に潜伏せしめためにあり」（明治十一年七月一日付「新潟新聞」）

それと、「彼の西郷隆盛が討死せしとは世間の空言《そらごと》、実は印度の一島に姿を隠し居たりしが、今度貴顕の招きに応じ、再び政府の要路に立ち、多年の宿志を達するに至る」（明治十四年十一月十九日付「郵便報知」）との報道もなされていた。

第二は、偽首級説である。

『西南記伝』は、「其の首の所在に就いて、各文書の記する所、異同あるを免れず、因《よつ》て参考の為に諸説を左に掲ぐべし」として、九冊の参考文献を挙げ、首級の発見場所を次のように記している。

1 『征西戦記稿』――折田正助邸の門前

2 「市来四郎日誌」――蓑田邸内

3 「城山悲風余響」――大山邸の石垣の内

4 「加治木常樹城山籠城調査筆記」――土持氏の門前、石垣の下

5 「大野義行実話」――島津邸の門前

6 「城山落城談、狙撃隊河南弥四郎実話」――島津邸、門の入口の石段下

そして官軍の

7 『征討軍団記事』

8 『西南征討誌』

9 『丁丑乱概』

には発見場所の記述がない。

これだけ首の所在が違い、また征討軍の文書に発見場所の記述がないということは、検視された首が西郷の真の首であったかどうかについても疑問を抱かせることになる。

そして、古来、敗者が敵の追及をかわすため影武者の偽装の首を差し出すことは始終行われ、勝者も、敗者の生死は別として、事実上、そのライバルが世の中から姿を消してしまい、政治的にも社会的にもその生命を失えば、脱け殻となった肉体そのものの詮索などは、もはやそれほど重要でなくなってくるといわれている。

さらに西郷の検死官が、坂元少佐、山県陸軍卿と西郷を尊敬していた人物だったことは、確実な検視の反面、西郷の首追及より、西郷の首安らかなれとの気持ちも強かったと考えられる余地はある。

他方、西郷軍の幹部たちには、西郷の首級を政府軍に渡したくない、渡してはならないという強烈な意思があったと思われる。

その理由の一は、明治六年政変で西郷とともに下野した江藤新平参議が佐賀の乱の後に梟首《さらしくび》にされ、その写真が各省に掲示された件があった。

理由の第二は、西南戦争において、戊辰戦争で薩長軍から征討されて怨んでいる会津・桑名をはじめ旧幕諸藩の地方の多数の士族が徴募巡査の募集に応募し、別働第三旅団・新撰旅団などで薩軍と激闘していた。

「郵便報知」の従軍記者犬養毅は、「その闘う時、大声に呼ばわっていわく、戊辰の復讐、戊辰の復讐」と報じていた。

薩摩士道は、弱い者をいじめるな、敗者への礼節、やさしさが主柱となっており、どちらが勝者かわからなかったといわれる庄内藩の鶴岡城接収、箱館戦争での幹部助命などはその表れであった。

奥羽列藩同盟との東北戦争における官軍は、薩長が主力ではあったが諸藩連合軍であり、非道な行為をした薩兵は多数ではなかったのではと思われる。

だが、征討総督本営での激論で木戸は反対したようだが、戊辰戦争での薩長主体の官軍への東北・北越諸藩のうらみを巧みに利用して、復讐の念に燃える会津藩などの精強な士族壮兵を薩軍との戦争に向かわせた。

その結果、薩軍の兵への残虐行為も行われた。これを戦場で見聞きしてきた桐野利秋、別府晋介ら薩軍幹部は、かつて官軍総参謀であり現在薩軍総大将である西郷の身体に対し、怨恨と復讐の念で危害を加えるおそれをなによりも危惧《きぐ》したはずである。

薩軍幹部の討死を前にしての最大課題は、西郷の首級を官軍の手に落ちないようにし、安全に安置することにあったはずであり、城山総攻撃が予告された九月二十三日夜には、桐野利秋や村田新八たちによって、西郷の首を官軍に渡さないよう周到な方法が相談されたことであろう。

3　西郷没後百年、頭骨出現

明治十年から九十八年後の昭和五十年五月二十日に、桐野利秋、別府晋介たちの生誕地に近い吉野町実方《さねかた》（鹿児島市）の松平墓地から、墓地改装の工事中に地下六〇センチの深さから鉄鍋に入った一個の頭骨が掘り出された。

この墓地には、別府晋介の兄・九郎をはじめ、西郷親衛隊でもあった実方士族の墓も多数あったところから、西郷の首ではないかと話題になった。

鉄鍋は直径約四〇センチ、深さ約二五センチで、山鍬による衝撃で頭骨、鉄鍋とも形がくずれたが、頭骨は頭頂部、頬骨、下顎の部分などははっきりしていて、厚みのある骨片と大きな臼歯が特徴ということであった。

奥歯三本などを鹿大医学部解剖学教室で鑑定した結果、年齢五十歳ぐらいの屈強な男性のものと推定された。西郷が城山で戦死した時が四十九歳なので、頭骨の推定年齢とほぼ一致した。

この首が西郷のものかどうかについて、明治十年九月の官軍による首確認は史実でありこれをくつがえせるものではない、ということでＤＮＡ鑑定まで行かなかった。

私は、この鉄鍋に関連して、吉野町の郷土史家から次のような言い伝えがあるという話を聞かされた。

「城山に薩軍が立て籠っている時、官軍が包囲した城山の裏手のある場所は、女子供の通行には見て見ぬ振りをしていたので、実方の女性たちは、炊事用の鍋や釜、食料、衣服などを夫や兄弟たちに届けに行っていた。城山が陥落した後、実方の女性たちが鍋や釜などを引き取りに城山に行ったが、その際ある屋敷の井戸に隠されていた西郷さんの首を鉄鍋に入れて持ち帰ってきた」
なるほどとうなずける説得力のある言い伝えである。

城山を包囲していたのは七旅団だったが、薩軍征討令に従いやむを得ず従軍した将兵から戊辰の復讐のために従軍した将兵まで、さらに薩摩系、長州系、土佐系、旧幕諸藩系などの連合軍であった。

薩摩系の司令官、参謀長たちが「先輩の西郷、桐野などと戦うのであり、如何にも忍びなかったが、私情を捨てて戦った」と言っているように、また城山陥落後、川村純義海軍中将、大山巌・高島鞆之助陸軍少将以下、多数の鹿児島出身の将校たちが、せめて生前の西郷たちの恩顧《おんこ》に報いたいと、大山少将が総代となって遺体下げ渡しを申請したように、やむを得ず従軍した将兵が多かったようである。

従って、これら薩摩系将兵の守備地域では、炊事用鍋釜、食物、衣服などを届けるために女性たちが往来するのを見て見ぬ振りしたことは、当然あり得たはずであった。

だが、ＤＮＡ鑑定が行われなかったので真相は歴史の謎となっている。

五　ロシア皇太子訪日

ロシア皇太子ニコライ・アレキサンドロヴィチが、シベリア鉄道の起工式に列席する途中、六隻の艦隊で訪日することになり、明治二十四年四月二十七日に長崎へ入港することになった。

このロシア皇太子の訪日を前に、奇妙な噂が流れた。「西南戦争で死んだはずの西郷が、ロシアに逃れて軍事顧問をしていたが、ロシア皇太子の訪日の船に同乗して帰国するらしい」と。

新聞の中にはこのような噂を取り上げて記事にしたものもあり、明治二十四年四月一日付の「東京朝日新聞」は、「去る十七、八年頃黒田清隆氏が欧州旅行の際、西郷がロシアに生存していることを聞き込みひそかにその兵営を訪ねて面会し大いに日本将来の事を謀議し約するに明治二十四年帰朝としたり。そして、故国を想う西郷らに同情したロシア政府は、皇太子の漫遊に藉《か》り数隻の軍艦をもって護送し来る筈なりとの事なり」と。さらに四月十一日付同紙は、皇太子一行の軍艦に西郷が乗船しているか否かを在香港通信員に問い合わせている、と報じた。

「郵便報知新聞」四月七日付も次のように報じ、この記事は全国の新聞に転載された。「西郷生存説遂に叡聞《えいぶん》に達す。西郷隆盛翁死して復《ま》た活《い》きんとす。道路喧伝《けんでん》の声叡聞に達す。陛下則《すなわ》ち微笑《ほほえ》み給いて、侍臣に宣《のたま》わすらく。隆盛にして帰らば、彼の十年の役に従軍して偉効を奏せし諸将校の勲章を剝《は》がんものか。承《うけたまわ》るも畏《かし》こし」

滋賀県巡査津田三蔵《つださんぞう》は、西南戦争に従軍し、武勲を挙げて軍曹となり、勲七等を受けていたが、風評や新聞により、西郷隆盛が帰ってくれればその勲章を剥奪されるのでは、と不安になった。さらに、ロシア皇太子一行が五月五日長崎港を出て、六日鹿児島に入港、滞在した後、九日神戸港に到着したことで、「鹿児島は西郷の郷里だ、噂どおり西郷は帰ってきたに違いない」と思い込んだ。

五月十一日、ロシア皇太子一行は琵琶湖遊覧を終え、滋賀県庁にて昼食、人力車で帰路に着き、京町通を通りかかった時、警護のため立ち番をしていた津田三蔵巡査が、突然抜剣してロシア皇太子に二度斬りつけて頭部に負傷をさせ、さらに迫って斬りつけようとしたところを取り押さえられた。

ロシア皇太子の受けた傷は、頭部右側に二カ所、長さ七センチメートルと九センチメートルに及ぶもので、そのうち一カ所は骨膜に達するものだったが、幸い負傷後の経過は良好であった。

津田の犯行の動機として、通説は、津田は当時広く蔓延していた「恐露病《きょうろ》」の影響を受け、ロシア皇太子一行が、他日日本を侵略する目的でわが国の地理・地形を調査のため来日したと妄想し、殺害を図ったとされている。

ところが、大津事件当時の大津地方裁判所判事で、津田三蔵の予審《よしん》（戦前の旧刑事訴訟法下で、捜査と公判の中間段階にあって、起訴された事件について、公判に付すべきほどに犯罪の嫌疑があるかどうかを取り調べるため、公判前に裁判官があらかじめ行った審理）にあたった三浦順太郎の『大津事変実験記』（酒井書店、昭和四年）には、津田三蔵が「ロシア皇太子は西郷隆盛を同伴する由なるが、若し事実ならば、我々の勲章もたちまち剥奪せらるべしなどといい、終始沈鬱勝ちであったという」ことが記述されており、西郷隆盛生還説の世評・報道に影響され、妄想を抱いていたことが推察される。

訪日中のロシア皇太子を事もあろうに警護にあたる巡査が斬殺しようとしたこの大津事件は、日本中を震撼《しんかん》させた。

ロシアが恐るべき一大強国となったのは、一に軍隊と銃剣の力であるといわれるが、その軍事大国ロシアが激怒して、報復や侵略戦争を仕掛けられたら日本はひとたまりもないと、政府も国民も深い憂いに包まれた。

発足五日目の松方内閣の総理大臣松方正義、内務大臣西郷従道、司法大臣山田顕義《あきよし》、外務大臣青木周蔵《しゅうぞう》、海軍大臣樺山資紀、農商務大臣陸奥宗光は相次いで参内《さんだい》し、明治天皇臨席のうえ御前会義が開かれた。直ちに北白川宮を高木海軍軍医総監、池田侍医とともにロシア皇太子の見舞いに派遣し、その夜西郷内相、青木外相も、橋本陸軍軍医総監らとともに京都に急行した。

天皇も翌十二日早朝に京都へ向けて出発、十三日の午前十一時にロシア皇太子の宿泊先である常磐ホテルを訪ね、見舞いの言葉を述べられた。

五月十五日、京都御所で朝から御前会議が開かれ、犯人津田三蔵の処罰問題と、謝罪のためロシア皇帝へ特派大使を送る問題とが議題となった。謝罪使節派遣は、ロシア側からの辞退の申し入れによって取り止めとなった。

五月十六日夕方、ロシアは皇帝の命令であるとして、皇太子の今後の予定をすべて打ち切り、帰国の途に着くことを伝えてきた。ロシア皇太子のその後の予定は、横浜へ入港、東京で天皇を訪問し、その後、江ノ島、鎌倉、箱根、熱海、日光を観光し、松島、盛岡、青森を経由して、五月三十一日にウラジオストークへ向けて出港することになっていた。

ロシア皇太子の日本国内旅行が続けば、ロシアからの報復措置はないだろうと見ていた日本政府にとって恐れていた通告だった。

五月十八日はロシア皇太子の二十三回目の誕生日で、神戸港に停泊の日本軍艦は満艦飾《まんかんしょく》を施してこれを祝い、神戸市も飾付けや花火などで祝意を表し、明治天皇も祝いの品を贈った。

皇太子帰国の日である五月十九日には、天皇は神戸の御用邸で送別の宴を計画したが、ロシア皇太子は「アゾヴァ号」艦上での招宴をと申し入れてきた。

天皇の周辺では、外国の軍艦に乗り込んで天皇の身柄が拉致されないという保証はないなど反対論も強かったが、天皇はロシア皇太子の招待に応じて「アゾヴァ号」に乗船、無事送別の宴を終えて午後二時離艦された。

ロシア艦隊六隻は午後四時四十分、抜錨《ばつびょう》して神戸港を出港、日本の軍艦三隻がこれに続き、下関海峡沖合まで見送った。

五月二十三日、ウラジオストークへ到着したロシア皇太子から、天皇の厚意に感謝を表す電報が送られてきた。

このような状勢で、政略上、津田三蔵に大逆罪を適用して死刑に処すべしとする松方内閣と、法理上、大逆罪の適用を拒絶する大審院長児島惟謙《こじまいけん》との間に激しい対立が展開されることになるが、この政府の干渉を排除し、司法権の独立を守ったといわれる児島惟謙について、次に考察してみたい。

六　西郷内閣司法卿江藤新平と児島惟謙

児島惟謙は愛媛県宇和島に生まれ、剣道に秀でて土佐に留学、のち脱藩し討幕運動に参加した。明治維新後、新潟県御用掛、品川県少参事を経て明治四年十二月七日司法省に出仕、裁判所民事課詰めとなる。

明治四年六月二十五日、西郷隆盛と木戸孝允が参議に就任。七月九日、裁判機関である刑部省と一種の警察機関である弾正台が廃止されて、新たに司法省が置かれたばかりであった。

西郷の司法省改革への動向と、児島惟謙と初代司法卿江藤新平の関係について、東山道総督府副参謀時代に、新撰組局長近藤勇を下総《しもうさ》流山《ながれやま》で降したことでも有名な有馬藤太《ありまとうた》の聞き書き『私の明治維新』(上野一郎編、産業能率短大出版部、昭和五十一年)に貴重な記録がある。長くなるが紹介したい。

司法省少判事有馬藤太は、司法省大改革が必要だと思い、明治五年三月、まず中判事樺山《かばやま》資綱《すけつな》にはかると、大賛成を絶叫した。さらに七等出仕児島惟謙を説いて、ただちにその同意を得、児島を介して、佐賀出身の中判事鶴田皓《つるたあきら》、同楠田英世《くすだひでよ》を同志とし、江藤新平を司法卿にしようと考え、それを西郷先生にはかることを決議した。

四月下旬、有馬は西郷を訪ね、(略)

「司法省の改革をいたしたい。このごろ世間では、司法省は、文明のあとずさりとか、御注文裁判とかいって、誠にきき苦しい次第であります。この改革をやるには、まず司法卿の任命が第一で、それには、江藤新平を推したいと思います。江藤がだめなら伊地知正治さんか、後藤象二郎の中から任命して頂きとうございます」(略)

西郷は、「それをやることになると、お前一人じゃゆくめ、別にだれにも話しちゃないか」といわれた。

樺山ほか三名の同志があると申し上げると、

「ヨシ、それならばやれ、じゃがみな腹がすわッチョルか」

「やりますとも、右の連中なら大丈夫です」

「よろしい、やれっ」

有馬は飛んで帰ってこれを四人に聞かせたところが、皆おどりあがって喜んだ。
二、三日すると、「退庁の帰りがけに、ちょっと立ち寄れ」とのことで、樺山と二人で西郷を訪ねた。西郷は上機嫌で、「今夜三条公のところへ行って、くわしくお話をせよ。だが、鹿児島者ばかりじゃ都合が悪いから、肥前《ひぜん》のうちからだれか一人行った方がよかろ」とのご注意。（略）
有馬と楠田は三条公邸に行く。お取次役森山茂に、拝謁《はいえつ》願の取次を頼むと、「三条公にはただ今風邪で、ご発汗のため、おやすみ中であるから、明朝来るように」という。（略）
（一間拝借一泊覚悟の有馬たちに、仮病の三条公も九時頃になると面会を許されたので、司法省改革の必要と、司法卿に江藤新平をと申し上げ、別に詳細に記述した意見書を差し出した。）
翌日私どもが、何くわぬ顔で事務をとっていると、ひる少し前、太政官から文箱をもって来た。いそいでふたを開けてみると、「西郷吉之助、有馬判事殿」と封筒の表にしるされている。そっと懐中に入れ、人のいないところで、一見すると、「退庁後、俺の宅へ立ち寄れ」

とある。刑事部の樺山、他の三人にも知らせ、樺山と二人で退庁後に立ち寄ってみる。西郷先生は非常に上機嫌。くずれそーなニコニコ顔で、

「オイ、藤太《づた》どん。昨夕はひでこッやったネ。泊り込みゆかけたソナネ。三条公はスッカリ閉口したとみえ、今後お前の意見は、皆おいから取りつぐよう、有馬が直接に来て、話すこた、モー真平《まつぴら》じゃといわれたよ。それはそいとして、お前がかねての意見どおり、司法省改革のことはもう決定したど、いよいよ明日江藤がお呼び出しになるはずじゃ。これからもいっそうしっかりやれネ」

としみじみいわれた。

私は、昨夜の状況をくわしく話して、笑って別れた。急ぎ楠田の宅へ行き、一同にみぎの始末を伝えると、皆大喜び。その晩はみなで祝盃をあげた。

翌、明治五年四月二十五日、江藤は司法卿になった。私は自分の目的さえ達すれば、別に江藤に挨拶にゆく必要を認めぬから、山積している事件の調査に没頭していると、江藤の方から挨拶にこられた。

「何分しっかり頼んますよ」とだけ言葉をかけた。何でも児島惟謙も行かなかったらしい。ところが、その日江藤から、「さしつかえなければ、五人同道、今夕帰途拙宅まで立ち寄ってもらいたい」とのこと。その日は非常に多忙で、点灯までして仕事を片付け帰宅、食事もそこそこに訪問する。われわれ五人だけだと思っていたら、権大検事正岸良兼養《かねやす》のほか、島

本仲道まで来ている。

（略）

それから十日間ほどで、内部の改革は全部できあがった。私どもの意見も大部分採用され、どんどん実施された。司法省は夜が明けたように公明正大になり、実に愉快に職務に従事した。


このようにして西郷内閣の司法卿に就任した江藤新平は、近代的司法制度の創設に取り組んだ。「司法省の方針を示す書」を作ってその方針を明らかにし、この方針を実行するために「司法職務定制」を制定して、前近代的な行政権力的旧司法制度を改め、司法権独立の基礎をつくった。また、明治三年公布の「新律綱領」の不備を修正し、フランス刑法も参考に近代的刑事法の「改定律例」を制定した。

さらに、明治五年十一月二十八日司法省達第四六号を発し、地方官らの専横《せんおう》によって人民の権利を侵害された時は、人民は裁判所に出訴して救済を求め得ることを布告した。

この司法省達第四六号に基づいて、小野組が、営業も東京中心になったので、本籍を東京に移したいという転籍願を京都府庁が不当に妨害しているとして、転籍への救済を求めて京都裁判所へ訴え出てきた。

大阪府では、権知事渡辺昇が、富豪住友吉左衛門、鴻池善右衛門らに大阪築港計画実施のた

児島惟謙（国立国会図書館蔵）

め三百万円の献金を強要し、府民は負担の重さに苦しみ、ついに府庁の専横に対し救済を求めて出訴した。

江藤司法卿は京都・大阪両府をもって司法権独立の天王山と為し、北畠治房《きたばたけはるふさ》を京都地方裁判所長に抜擢して事件を処理させるとともに、嘱目《しょくもく》していた児島惟謙を大阪府に派遣した。

京都地方裁判所は京都府庁に対し「至急送籍」の手続を取るよう判決を下したが、府庁が黙殺したため、府知事長谷信篤《ながたにのぶあつ》と参事槇村正直《まきむらまさなお》に贖罪《しょくざい》金を科したが、二人は拒否した。硬骨漢の北畠京都裁判所長は、「槇村正直の法権を侮辱する更にこれより甚しきはなし」と正院に槇村の逮捕を申請し、槇村が長州閥総帥木戸孝允《たかよし》の腹心ということもあって、小野組転籍事件をめぐっての府庁と裁判所との抗争は、中央における重大な政治問題に発展していった。

児島惟謙も大阪において江藤の期待に応え、ついに渡辺権知事の大阪築港計画は停止された。

「児島惟謙は、正を踏んで何人をも怖れない江藤司法卿の指導によって、人民の利益を守る使命をもった司法官としての気骨を、その剛毅の性格の上につくり上げていった。そして、のちに児島惟謙が政治権力の圧迫をはねのけて、司法権の独立を守ったあらゆる意味での基礎的な修業と修練が、このようにしてなされていった」

と、田畑忍《たばたしのぶ》法学博士は評している（田畑忍著『児島惟謙』吉川弘文館、昭和三十八年）。

児島惟謙はその後、名古屋裁判所長、大審院民事乙局長を経て長崎・大阪各控訴院長を歴任、明治二十四年大審院長になるが、就任直後に大津事件に直面することになる。

一方、児島に嘱目《しよくもく》し、鍛え、育ててきた江藤新平は、明治六年政変で、西郷隆盛に続いて、十月二十四日、板垣退助、後藤象二郎、副島種臣とともに参議を辞任し政府を去った。そして「民撰議院設立建白書」を左院に提出し、「愛国公党」を結成し、自由民権運動へ乗り出した。明治六年十二月、佐賀が反政府活動で騒然となってきたので、地元からの鎮撫指導の要請を受け、明治七年一月下旬故郷の佐賀に帰県した江藤は、佐賀県権令岩村高俊《たかとし》が挑発した佐賀の乱に巻き込まれた。

そして合法の審問を受けることなく、「改定律例」には削除されていた封建主義的旧刑事法の梟首刑《きようしゆ》を適用され、その首を梟首台上にさらされた。

「江藤新平の決断によってひとたび確立された司法権の独立が、彼を憎悪せる大久保利通らの行政権力によって侵されたこの『野蛮な処刑事件』ほど、江藤新平の進歩主義的司法精神を畏敬、その恩顧を深く心にとめ感謝していた児島惟謙の心を悲痛のどん底に打ちのめしたものはない」と、児島惟謙の人となりと歴史的意義を研究された田畑忍博士は述べている。

七　犯人処刑の法的根拠と司法権独立をめぐる闘い

大津事件は、行政権の干渉・圧迫に屈することなく司法権の独立を守ったということで、歴史的事件といわれるが、それは、政治的・外交的見地から津田三蔵を死刑に処するため、「皇室に対する罪」を適用しようとする政府と、法的見地から「一般謀殺未遂罪」を適用しようとする大審院との、法的根拠をめぐる闘いであった。

(1)　松方内閣の対応と青木外相の約束

凶変の翌五月十二日、首相官邸に松方正義首相、山田顕義法相、後藤象二郎逓信相、陸奥宗光農商務相の四閣僚と、重臣の伊藤博文・黒田清隆両元総理が集まり、津田三蔵の処罰問題と善後策を協議した。

この席で山田法相は、「処刑の事に付き、皇室罪と一般謀殺罪との両説あり。今回の事変は実に重大にして、その重きを取らなければいけない。万一異説が百出し処罰に困難なるに際せば、止むを得ず戒厳令を発するも可なり。国家の危険を防御するためには、非常の処置もとらざるを得ない」と述べ、「皇室に対する罪」適用に、出席した四閣僚と二重臣とも異論はなかったようである。

しかし、その前後の閣議などでは、さまざまな見解が述べられている。

陸奥農商務相は、一般謀殺罪適用を主張し、さらに「裁判の事困難なれば一策あり、金を投じ、刺客《しかく》を放って三蔵を殺《や》り、病死とすることにしてはどうか、ロシアではこういう方策をやっているのではなかろうか」と提言している。

後藤逓信相も賛同するとともに、青木外相に向かって、「貴君宜しく一個の拳銃を携えて旅行の途中大津の獄窓より津田三蔵を拉出して一撃の下に、これを倒すべし」と語った。青木外相は「之を維新前の出来事とすれば、君の説は最も妙案なり」と答えたという。

伊藤元総理は、皇室に対する罪適用が困難な場合には、戒厳令を発布し、国民の権利を保障する法律の効力を停止し、津田を死刑に処する根拠にしようと主張した。

しかし、津田の犯行は、戦争事変などの軍事とは結びつかないことが難点であった。

このように政府が揺れたのは、犯人を死刑に処することでロシアに陳謝し、ロシアの報復戦争を回避しようという方針とともに、青木外相とロシア公使シェーヴィッチとの約束があった。

ロシア公使は、皇太子ニコライの訪日に際し、皇太子に危害を加えようとする者には厳罰で対応する法律の制定か緊急勅令の発布を求めてきた。青木外相は緊急勅令の必要はないことを主張するとともに、もし皇太子の身に危害が生じたら、日本の皇太子と同じ「皇室に対する罪」で処刑することを約束していたのだ。

(2) 松方内閣と児島大審院長の意見対立

五月十二日午後、首相官邸を訪ねた児島大審院長へ、松方首相は、津田を皇室に対する罪で死刑に処することを決定したと述べ、同席した陸奥農商務相も、刑法第一一六条には単に「天皇・三后・皇太子」とのみあって、とくに「日本の」という文字はないのだから、外国の皇族も含まれると解釈すべきと主張した。

これに対し児島は、もともと刑法第一一六条の草案には「日本天皇・三后・皇太子」とあったものを、天皇なる称号がわが国の陛下を指すものであって、ことさら日本という文字を冠する必要はないということで元老院審議の際に削除したものであることを説明した。そして、内閣がいかに決定しようとも、法律の精神に反する解釈には応じられないと反論した。

松方首相は「法律の解釈は然らん。然れども、国家存在して初めて法律存在し、国家存在せずんば法律も生命なし。国家あっての法律なるがゆえに国家の大事に臨んでは細かい文字論に拘泥せず、国家生存の維持を計るべし」と説き、再考を促した。

五月十八日午前、松方首相は児島大審院長に出頭を求め、駐日ロシア公使と青木外相との約束もあり、政府としては津田に皇室に対する罪を適用せざるを得ないし、それができない場合には戒厳令を布いてでも死刑にすることを考えなければならないと述べて、児島に理解を求めた。

児島は、欧米諸国の法律を調べても、他国の皇太子や皇族に危害を加えた者を特別に処罰する法律はなく、ロシアでは、皇帝に危害を加えた者か国事犯者でなければ死刑にならないと説明し、「刑法第一一六条を他国の皇族に適用せば、これ疑もなく我が主権を亡失するものと云うべく実に云うに忍びざる結果を生ぜん」と説いた。

松方首相は、児島が賛同しそうにないことを悟り、担当裁判官がどのような処分をしても異存はないかと質し、児島は、七名の裁判官が合議判決をした上はどのような結果を生じても自分は異議を唱えることはできない、と答えた。

そこで、松方首相が裁判に当たる七名を尋ねたので、児島は名前を書いて手渡した。

(3) 閣僚・裁判官への干渉と圧迫

五月十八日午後、司法省に呼ばれた大審院の担当裁判官四名に対し、提正巳には陸奥農商務相が、中定勝には山田法相が、高野真遜には大木《おおき》喬任《たかとう》枢密院議長が、木下哲三郎には山田法相が各個撃破戦術で説得に当たった。

他の三名の担当裁判官のうち、土《は》師《じ》経典《つねのり》は薩摩出身で西郷内相と親しく、内閣と同意見とみられており、安居《やすい》修蔵と井上正一は強硬に皇室罪適用反対論を主張していたので、説得の対象から外されたといわれる。

このようにして政府の裁判官への説得は進んでいた。

しかし児島惟謙は、「予は断乎として行政官の内情及び区々の情誼を排斥し、挺身以てこの難局に当らん事を決心せり。若しこの際姑息の所為によりて一身の安を貪《むさぼ》らんか、これ国家に不忠不信なるのみならず、憲政史上の汚名は千載《せんざい》ついに拭《ぬぐ》うを得ざるに至らん。ここにおいて予は、大阪控訴院事務引継の名義を以て七判事と共に大津に出張して為す所あらんと決意したり」（児島惟謙『大津事件顛末録』）と強い意思を表明した。

(4) 児島大審院長の巻き返し

大審院特別法廷を大津地裁に開設する司法大臣告示が五月十九日午前に発せられると、七名の判事と検事総長ほか関係者は午後には大津へ向け出発した。

児島も、大阪控訴院長から五月に転任したばかりだったので、事務引継ぎを名目に大津経由大阪へ出張した。

五月二十日午後京都に到着した児島は、判事中の四名と京都御所に参内して天皇に拝謁した。明治天皇は、「今般露国皇太子に関する事件は国家の一大事なり、注意して処分すべし」との勅語を下した。

公判日を前に、児島は、政府権力の干渉に圧倒された担当裁判官に対し、干渉排除の権限行為として説得に着手した。

二十一日に提正巳裁判長に会い、政府の圧迫により説を変えた非を諭し、「注意して」という勅語に従い、「天皇の名に於て法律に依り」、政府権力から独立して裁判しなければならないことを説いて熟慮反省を促し、北畠大阪控訴院長に事務引継ぎのため大阪に向かった。

二日後の二十三日、提裁判長から来津《らいしん》を乞うとの電報が来たので大津に赴いた児島に、提判事は「情誼を顧みず職務の為め国家に一身を捧げん」と誓い、説を改めると語った。

そして、両者の相談により、児島は木下判事の説得に成功した。

安居・井上両判事は初めから同意見であったが、安居判事は児島の依頼で土師判事を説得し、児島も重ねて説得すると、土師判事も同調した。裁判官七名中すでに五名の同意て、皇室に対する罪適用は阻止できる見込がつき、喜びのあまり思わず、「国家の万歳と法官の万歳」を唱えた。

児島はこのことを秘するのを潔しとせず、三好検事総長とも協議し、二十四日午前一時、両者連名で山田法相に宛てて「津田三蔵の事件実地にかかり深く考究せるに、刑法第一一六条を適用する見込なし。よって止むを得ざれば緊急勅令を速やかに発せるの外なかるべし」と打電した。

政府は二十四日早朝閣議を開き、皇室に対する罪適用の方針を貫くため、山田顕義法相と西郷従道内相を大津に出張させることにした。

二十六日大津に到着した山田法相と西郷内相は、滋賀県庁で児島大審院長、三好検事総長と会談し、児島大審院長に、皇室罪適用への閣僚説得工作の進行を阻止したことを非難し、児島は、皇室罪を適用することは憲法・刑法違反になるのであえて抵抗するものである、と反論した。次いで山田法相は、児島と同意見の判事の名を聞いてきたので、児島は裁判の秘密を犯すので漏らすことはできないと拒絶し、「裁判に関係する事実は、一切これを裁判官に任されよ」と主張した。

ここで西郷内相が発言をした。

「もし津田三蔵を死刑にしないことがあれば、露国の艦隊が品川湾頭に殺到し、一発の下に我が帝国は微塵とならん。之れ実に法律は国家の平和を保つものと云うべからずして国家を破壊するものと云うべきなり」

これに対し児島は、戦争をするか否かは裁判官の関するところではなく、裁判官の眼中唯法律あるのみである、しかるにもし法律を無視することがあれば、かえって「露国及び列国の嘲笑を受け、将来云うべからざる弊害を生ずべき」と力説するなど、西郷と児島との間に激論が繰り返された。

このようにして会談は物別れに終わったので、山田法相は、再度裁判官説得のための面談を申し入れた。児島が止むを得ず法相の申し入れを三好検事総長の立合いで判事に伝えたところ、七判事全員一致して、法廷開会中は法官が法相に面会すべきでないとして法相の要請を拒否した。

五月二十七日、大津地方裁判所で大審院特別法廷の公判が開廷された。

公判は、三好検事総長の公訴事実の陳述、これに対する谷沢弁護人の反対弁論、津田三蔵への被告人尋問、そして法律適用についての弁論を行い、弁論を終結した。

その後、一旦閉廷、午後六時宣告書作成を待って再開し、「之を法律に照すにその所為は謀殺未遂の犯罪にして、被告三蔵を無期徒刑に処するもの也」との判決を下した。

裁判の結果について、児島大審院長の報告を受けた山田法相は、覚悟はしていたようだが、落胆の様子を見せた。西郷内相は「裁判官亡国」と激しく非難した。

西郷内相は、山田法相とともにその夜十二時の列車で帰京の途に着いたが、見送りに来た児島大審院長を罵倒し、「私は踏み出して負けて帰ったことはありません。今度初めて負けて帰ります。この結果をご覧なさい」と叫んだ。

児島大審院長もこの暴言に怒り、「腕力と鉄砲では法律の戦争には勝てません。この結果を見よ、とは何のことですか。場所柄もかえりみず国務大臣の口にすべきことですか」と反論して車窓に迫り、法相、検事総長がこれをなだめたりするなか、汽車は駅を離れていった。

五月二十九日、西郷内相、青木外相、山田法相の三大臣は、大津事件の責任を負って引責辞任し、松方首相が内相を兼務、榎本武揚が外相に、田中不二麿《ふじまろ》が法相に任命された。

六月三日になって、ロシアにおいても判決が好評であるとの報告が西徳次郎駐露公使からあり、大津事件騒動はようやく収まった。

この裁判によって、政府の行政権力が裁判に対して直接干渉と圧迫を加えるような悪風習は後を絶ち、司法権の独立が確立されることになった。

八　児島大審院長の護法信念とその背景

明治二十四年頃の大審院は、内閣と対等の立場でなく、内閣の一省庁である司法省の下に置かれていた。

司法省の下に置かれた大審院院長が、内閣総理大臣及び司法大臣をはじめ各省大臣さらに重臣たちからの、政治・外交上の見地からくる死刑適用の要求・圧迫をはねのけたのには、司法権独立への並々ならぬ思いと理想、そして背景もあったと考えるべきであろう。

重臣・閣僚たちの原体験が、英・米・仏・蘭の四カ国連合艦隊の下関砲撃と薩英戦争という幕末の攘夷戦争にあったとすれば、児島惟謙の原体験は、草創期の司法省の理想と司法権確立の苦闘であろう。

児島たちが、筆頭参議西郷隆盛と太政大臣三条実美とに要望したこともあって司法卿に就任した江藤新平は、人民の権利擁護《ようご》と法の支配確立のため奮闘し、司法省は「官の司直」でなく「民の司直」として、人民の権利を保護することを最大の職責と、法治主義の実現の理想に燃えていた。

児島は江藤司法卿に嘱目され、江藤が司法権独立の天王山の前哨戦とした、大阪府権知事渡辺昇が資金を大阪府民に酷薄に強制した大阪築港計画停止を、大阪人民の出訴を認めて救済し、権力の圧迫をはねのけて人民の利益を守る使命を持った司法官としての修練を重ねていた。

ところが、明治六年政変で西郷隆盛たちともに江藤新平も政府を去ると、法の支配と司法権の独立を揺るがす二つの事件が起こった。

江藤が司法権独立の天王山と目した「小野組転籍事件」について、江藤が政府を去るや、太政大臣代理岩倉具視は、「特命を以て」槇村の拘留を取り止めるよう司法省に命令した。法治主義の実現に邁進していた司法大輔福岡孝弟《ふくおかたかちか》、島本仲道《しまもとなかみち》、樺山資綱《かばやますけつな》たち司法省首脳は、正当な法的手続きに基づく槇村の拘留を超法規的圧力で取り消されたのに憤激し、次のような抗議文とともに、このような政府の下では職務を行えないと辞表を提出した。

「京都府参事槇村正直拒刑の罪あり、……政府特命を下して其の〔槇村の〕拘留を解く、臣等驚き且つ怪しむ、……拘留繋獄《こうりゆうけいごく》一に裁判所の権力に在り、恐らくは政府といえども私する所にあらず、……面して特旨の下る所以のものは……或は怪む陰に〔槇村〕正直を庇護する者ありて是に至るか。(略)

今もし政府愛憎を以て法権軽重するが如き曖昧倒置の挙措ありと誤認せば、則ちいわん国家の大臣信ずるに足らざるべしと……政府何《いずくん》ぞ独り〔槇村〕正直に寛《かん》にして人民に酷《こく》なる、……是れいわゆる路に豺狼《さいろう》を遺して野にある狐狸《こり》を問うの類なり」

もう一つは、人権尊重と法治主義実現に邁進した上司江藤新平が、佐賀の乱において、政敵

佐賀城跡。江藤新平前参議裁判のため，
佐賀裁判所が佐賀城門前に急造された

の参議大久保利通により、正当な法定刑事手続を無視した裁判によって処刑されたことである。

本来、佐賀裁判所では流刑《るけい》以下を処断し、死罪及び疑獄に関わる事件は、大木喬任《おおきたかとう》司法卿の裁可を受け、さらに木戸孝充内務卿へ取り計らうべきことになっていた。

東京には、三条実美太政大臣、大木喬任司法卿など江藤新平に同情的な高官や、維新以来の自分の功に代えて江藤の贖罪をと嘆願している後藤象二郎、板垣退助、副島種臣など前参議がいて、正当な刑事手続なら禁錮刑に処せられる可能性が大であった。

そのため審問は二日間だけで、梟首刑を宣告すると、即刻処刑が行われ、宣告から三時間足らずで刑の執行を終えた。

この超法規的処刑について、福沢諭吉も、「佐賀の乱の時には断じて江藤を殺して之を疑わず、之に加えこの犯罪の巨魁を捕えて更に公然たる裁判もなく、其の場所に於て、刑に処したるは、之を刑と云うべからず。其の実は戦場にて討ち取りたるもの の如し。鄭重なる政府の体裁に於て大なる欠典と云うべし」と批判している。

黒田清隆も、三条実美・岩倉具視宛の書簡で、「……旧参議等の刑戮《けいりく》に処せられ候儀、外国に対し、すこぶる恥ずべきの御事と顧慮《こりよ》仕候得共……」と、大久保利通が江藤新平に対して行った暗黒裁判と野蛮な刑執行が、欧米諸国の日本への評価を低下させた恥ずべきことと述べている。

また『自由党史』も、「江藤の獄を治するに当り、内務卿大久保利通、特に佐賀に至り、之を処分するに苛察《かさつ》を極《きわ》む。是を以て、当時我国に駐劄《ちゆうさつ》したる外国使臣ならびに居留民等、頗《すこぶ》る我司法権の独立を疑い、為に不平等条約改正の事業に障碍《しようがい》を与ふるに至れり」と記述している。

その後も、西南戦争終了後の明治十年十月から十一月にかけて、国事犯《こくじはん》なのだが、西郷軍幹部は分隊長クラスまで、斬刑や懲役十年、七年、五年、三年、二年、一年、百日などの刑に処せられ、二千七百余名が東京・宮城・岡山・広島などの監獄に幽囚された。他に免訴が四万三百余名にのぼり、無罪は四百余名だった。

この西南戦争では、立志社の林有造、片岡健吉、竹内綱《つよし》や、陸奥宗光らの大久保政権転覆挙兵計画については、東京の裁判所（大審院）の裁判で国事犯として禁錮刑が宣告された。

一方、長崎に設置した九州の臨時裁判所では、薩軍及び九州各県の党薩諸隊に対して、刑事犯としての懲役刑が宣告された。

福沢諭吉は次のように述べている。「世評にいう、鹿児島の士族は去年の暴動により大抵賊名を負わないものはないと。一度賊名を負うたものには、人民の面目を回復することは難しいという人もあるが、この賊の字は、盗賊の賊ではない、国事犯の賊の字である。恐れ入ると恥じ入るとは、国事犯と刑事犯との区別であり、これをよくわきまえていなければならぬ」と。

内乱罪は、禁錮刑という罪刑法定主義と法の下の平等という法治国家の原則を無視し、「負ければ賊軍」の薩軍と党薩諸隊に対し、政府は特別の刑律を定め、征討総督府という行政権の裁判で盗賊と同じ破廉恥罪の懲役刑を適用した差別的取扱いは、司法権の独立も要件とする近代法治国家の体面上も是正すべき課題であった。

この佐賀の乱や西南戦争における処罰は、「政刑情実に成り賞罰愛憎に出ず」(「民撰議院設立建白書」の一節)といわれるようなもので、罪刑法定主義と適正刑事手続を無視したものだったが、その後も自由民権運動の政治犯に対し懲罰的に懲役刑を科した例があったようである。

草創期の司法省で、人権の保護と法治主義実現の理想に燃え、司法権独立の天王山で、行政官の専横で権利を侵害された人民の救済に挺身したことと、尊敬する江藤新平司法卿が合法的裁判を受けることなく処刑されたことへの悲痛な思いが児島惟謙の原体験となって、政府の圧迫に対してがんばり通し司法権の独立と法治主義を守り通させたのであろう。

江藤新平とともに西郷内閣の参議だった後藤象二郎逓信相が、大審院長への圧力でなく、津田三蔵暗殺を提言したのは、江藤の愛弟子《まなでし》児島には政治的圧力では無理だと思ったのであろう。

薩摩及び長州系の閣僚は、法の曲解になろうと三蔵を死刑にせよとの圧力派だが、山田顕義法相は、明治七年から五年間司法大輔を務めたこともあってか、表面的な強硬態度とは別に、児島大審院長に暗黙の理解をしていたのではないかといわれている。

この大津事件は、松方首相が「国家あっての法律なので国家の大事に臨んでは法解釈論に拘《こう》泥《でい》せず国家生存の維持を計るべし」と説き、西郷従道内相も「津田三蔵を死刑にしなければ、露国艦隊は品川湾頭に殺到し、一発の下に我が帝国は微塵とならん」と児島大審院長をおどしつけたように、「国家が大事か」それとも「法が大事か」という大問題の判断を迫られた事件だった。

判決後も怒りに燃えて児島大審院長を非難し、「裁判官亡国」などと怒号した西郷従道内相について、田畑忍博士は『西郷南洲翁遺訓』を引用して次のように評している。

平素は「満座春を生ず」と言われた西郷従道が、その兄南洲大西郷と全く器量を異にせる人物であることを、この危局において示したことを知るのである。

『西郷南洲遺訓』十七条には、「正道を踏み国を以て斃《たお》るゝの精神無くば、外国交際は全《まった》かる可からず。彼の強大に畏縮《いしゅく》し、円滑《えんかつ》を主として、曲げて彼の意に順従する時は、軽侮《けいぶ》を招き、好親却《かえっ》て破れ終《つい》に彼の制を受るに至らん」と言っているのである。

明治五年四月、西郷内閣の司法卿に江藤新平が就任したあと目指した法の支配確立と司法権独立の理想は、江藤新平が嘱目し鍛えた、剛毅硬骨《ごうきこうこつ》、「自ら省みて直くんば千万人といえども我往かん」という児島惟謙大審院長の大津（湖南）事件での苦闘を経て実現した。

児島惟謙の大審院長の在任期間は一年四カ月足らずだったが、護法の神、司法権独立の護持者としての名声を司法・裁判史に残した。

九 その後 治外法権撤廃

この明治二十四（一八九一）年五月の大津事件判決から四年後の明治二十八年七月、陸奥宗光外相は、日英通商航海条約で治外法権の撤廃に成功、法権が回復され、日本は欧米に対しても司法権の独立を確立した。

この陸奥宗光は明治十年、西南戦争が起こると、土佐立志社の林有造、大江卓たちと、薩軍に呼応して政府転覆の挙兵を企てたとして、禁獄五年に処せられた。獄中でも洋書を熱心に学び、放免後、欧米を巡訪するなど五年近い雌伏を経て、駐米公使として復活し、農商務大臣、外務大臣を歴任した。

また、飫肥《おび》藩第一の俊英で〝飫肥西郷〟といわれた小倉処平亡き後、官界の孤児として翻訳畑にくすぶっていた小村寿太郎に嘱目し、外務省の表舞台で活躍させた。小村外相は、陸奥宗光の「治外法権撤廃」の第一次不平等条約改正を引き継いで、明治四十四（一九一一）年、「関税自主権回復」の第二次不平等条約の改正を行い、陸奥・小村両外相によって不平等条約は解消された。

西郷隆盛については、明治維新回天の中心人物としての評価に片寄りすぎ、維新後の業績や理想について軽視されているきらいがある。

明治四年から六年までの二年間の西郷内閣は、政治を理想に近づけた第一級の内閣だったといわれる。その業績と理想の影響力については、政治史や思想史の視点などから秀れた具体的な検証と発表がなされているが、西郷内閣の理想と改革、それがどのように展開したかについて、さらなる研究が必要なように思われる。

あとがき

西南戦争前後からの明治政治史については、明治八年設置の修史局で重野安繹《しげのやすつぐ》編修副長官ら編纂の明治史や、政府の近代史編纂に携わった大久保利謙《としあき》博士の近代史研究論文が通説的地位を占めてきたようである。

重野修史局編修官も大久保博士も秀れた歴史学者であるが、重野の養女尚氏と大久保利通の長男利和氏とは夫婦という身内関係であり、また大久保利謙博士は利通の孫であり、どうしても身内顕彰史観に傾き易いのは人情のしからしめるところという点もあるようである。

西郷隆盛、大久保利通、木戸孝允は「維新の三傑」と呼ばれているが、明治六年頃から大久保との対立が先鋭化した西郷と木戸については、史料の取捨選択や見方が客観公平でない点も見受けられる。

一例として、西南戦争中に亡くなった木戸孝允の最期については、「西郷、もう大概にせんか」と言いながら息を引き取ったと多くの本には書かれている。

ところが、大久保と「水魚の交り」だったといわれる薩摩出身の財界人で、大阪商法会議所会頭などを歴任した五代友厚《ごだいともあつ》についての『五代友厚秘史』は、大阪の病院に入院していた木戸の最期について、次のように述べている。

大久保利通と五代友厚が危篤の報に接して見舞いにいくと、昏睡状態に陥っていた木戸は大久保を西郷とまちがえて、

「おお西郷か、よく来てくれた」と重いマブタを開いた。

「大久保だ、しっかりしろ」

大久保が耳元で叫ぶと、

「わかっとる、わかっとる、なあ西郷、もう大概にしたらどうじゃ」

あくまで西郷の見舞いと思いこみながら息を引きとった明治十年五月二十六日の夜だった。

全体の状況を読むと、木戸が西郷に親愛の気持ちをもって言っていることがうかがえる。おまけに、折角見舞いに来た大久保を西郷と間違えてしまっている。

「西郷、もう大概にせんか」という片言隻句《へんげんせっく》だけの通説なら、木戸が西郷を非難しているように受け取れる。

次に、大久保は大西郷について第三者に語る時、「西郷老」と「老」を付けて呼んだと書かれている。

ところで『五代友厚秘史』では、気を許した親友間の会話ということだろうが、大西郷を、大久保は「大入道」と呼び、五代は「大和尚」と呼んでいる。「大入道」には色々と解釈の幅があり、大久保の西郷観を表すものとして興味深い。

なお、大久保の黒塗り二頭だての馬車は、五代が馬と一緒に大久保に贈呈したもので、二人の仲は兄弟のようだともいわれ、五代の語ったことの信頼性は高い。

司馬遼太郎が歴史ものに取り組むと、神田神保町古書店街の関連資料が無くなってしまうといわれていたそうだが、『翔ぶが如く』でも、網の目も洩らさぬような史・資料蒐集力と、多くの研究補助者を使ってであろうが、その幅広い分析と客観的記述には感服し、参考にさせてもらった。

明治六年頃、警保寮で川路利良と勢力伯仲した坂元純凞について、大西郷の後を追って帰鹿した後のことが具体的にわからず調べていたところ、京都の「霊山歴史館紀要」にあると教えられ、この史料を参考に書こうと思ったところ、既に『翔ぶが如く』に聞き取り取材調査でか一部書かれており感心したことだった。

本書は、大久保派と対立する大西郷派と木戸派の井上馨と山県有朋たちも主たる対象とした関係から、重野安繹博士、大久保利謙博士の明治史とは別の視点から考察してみようと思った。

「正史は表面的・皮相的で、その裏に隠された真相がある」とか、「通説ほど人を惑わすものはない。歴史を志す者は一から洗い直す覚悟で取り組むべきである」との先人の教訓に感銘し、人事を通しての権力変遷史に着目して取り組んでみた。

文書や談話などの資・史料には、思惑と変造・捏造、そして意図的な取捨選択の可能性もあるが、人事記録は史実を語る冷厳な生きた歴史の軌跡であった。

顕要職務補任録、百官履歴、明治史要、内務省史、各省職員録、人名録などで官僚・政治家の異動・栄転・賞罰などを調べていくと、人事を通して政治権力の動向が浮かび上がったり、政官権力の派閥変化が反映したりしていて、人事は冷厳な歴史の変遷を語っているとの思いを深くした。

政府編修の明治史として参考になったのは『明治天皇紀』であった。

『明治天皇紀』は、明治天皇の事蹟を中心にその背景をなす政治上、社会上その他の重要事件を併せ記述した史書である。明治天皇の事蹟を編修して後世に伝えようと、大正三（一九一四）年十二月宮内省に臨時帝室編修局が設けられ、伝記であるとともに国史として天皇紀を編修する方針のもとに事業が進められ、編修開始以来十八年余を経て、昭和八年九月に編修が完了した。長く未公開だったが、明治百年記念事業として公刊することとなり、吉川弘文館から昭和五十二年までに全十三巻が刊行されている。

これに関連して飛鳥井雅道《あすかいまさみち》著『明治大帝』や佐々木高行の日記『保古飛呂比《ほごひろい》』は、一般に知らされていない明治天皇の動向が史実として参考になった。

それと、薩長藩閥政府とか、薩長対立とか言われる長州派についての史料である妻木忠太『木戸松菊公逸話』、井上馨侯伝記編纂会編『井上伯伝』・『世外井上公伝』、岩下清周編『藤田翁言行録』、徳富猪一郎『公爵山県有朋伝』、伊藤之雄『山県有朋』、小松緑編『伊藤公全集』、それに佐々木隆『伊藤博文の情報戦略』などは、長州派の動向を理解するのに参考になった。また尾佐竹猛『明治秘史疑獄難獄』、『法曹珍話閻魔帳』などは、明治史の陰に隠された秘史の解明に役立った。

それと、政府史観と一線を画した在野史観の『西南記伝』（黒龍会刊）も参考になった。

大久保利通の絶大な信頼を受けて、西南戦争中に内務卿代理を務めた前島密についての、市島謙吉編『鴻爪痕』中の「前島密後半生録」は、警視・巡査隊が鎮台と並ぶ強大な治安警察軍であったことと、士族反乱と農民一揆を鎮圧する主役であったことを述べている貴重な史料であった。

本書では、西南戦争後の権力抗争そして歴史と権力の深層についても書いてみた。

書き終えてみて、勝者の側に立って書かれた高位高官表彰史より、非情な権力抗争そして論功行賞や報復人事など、葛藤が盛り込まれた権力変遷史の方が、はるかに史実を語る冷厳な生きた歴史の軌跡であるとの思いを深くしたことであった。

なお、明治・大正時代の書簡など読解の難しい文章の引用にあたっては、仮名遣いを改めたり振り仮名を付すなど読みやすい形にした。

また、「第一章　城山陥落と西郷軍への哀惜の風潮」、「第三章　権力抗争と藤田組疑獄」、「第四章　西郷隆盛生還説と松方内閣震撼の大津（湘南）事件」は、『敬天愛人』（財団法人西郷南洲顕彰会発行）に寄稿した文について加筆・改訂したものである。

伊牟田比呂多

伊牟田比呂多（いむた・ひろた）
公務員，社会福祉法人理事長を経て執筆活動に入る。西郷南洲顕彰会専門委員，鹿児島史談会会長，明治維新史学会会員，歴史研究会会員。主な著書＝『幕府挑発──江戸薩摩藩邸浪士隊』，『明智光秀転生』，『征韓論政変の謎』（いずれも海鳥社）

城山陥落《しろやまかんらく》
西郷《さいごう》死《し》して光芒《こうぼう》を増《ま》す

■

2010年6月25日　第1刷発行

■

著者　伊牟田比呂多
発行者　西　俊明
発行所　有限会社海鳥社
〒810-0072 福岡市中央区長浜3丁目1番16号
電話 092(771)0132　FAX 092(771)2546
http://www.kaichosha-f.co.jp
印刷・製本　有限会社九州コンピュータ印刷
ISBN978-4-87415-777-0
［定価は表紙カバーに表示］